AF194172

Impressum
Verlag: BABADADA GmbH, Nedderfeld 112 , 22529 Hamburg
Geschäftsführer / Verlagsleitung: Harald Hof
Druck: Books on Demand GmbH, In de Tarpen 42, 22848 Norderstedt

Imprint
Publisher: BABADADA GmbH, Nedderfeld 112 , 22529 Hamburg, Germany
Managing Director / Publishing direction: Harald Hof
Print: Books on Demand GmbH, In de Tarpen 42, 22848 Norderstedt, Germany

1

ysgol
sukuu

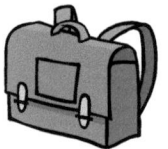

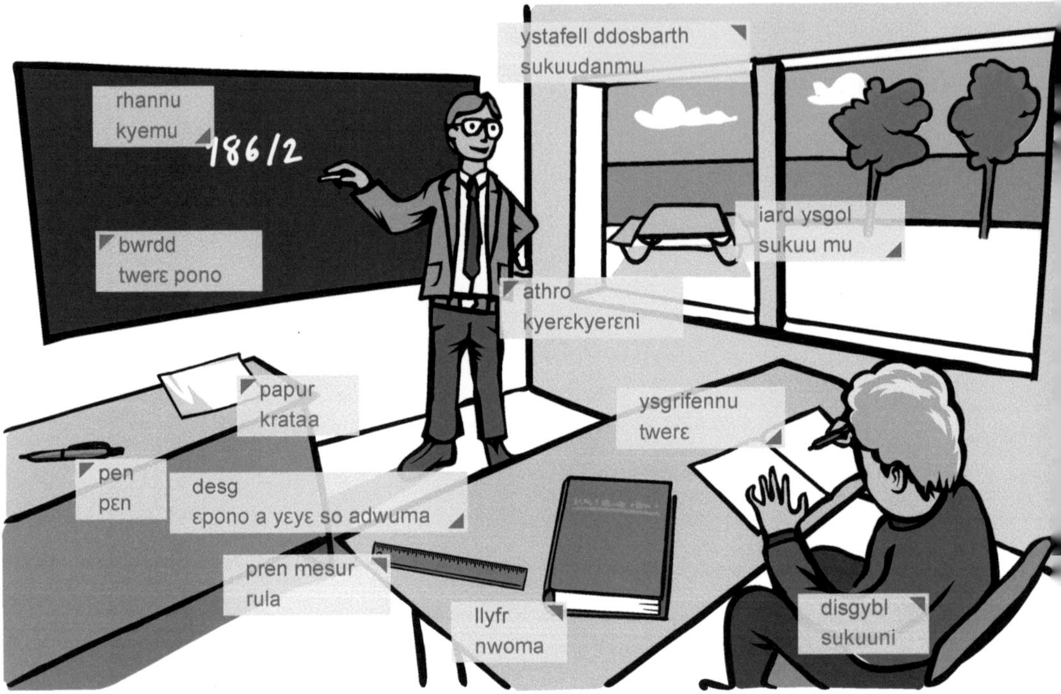

ystafell ddosbarth
sukuudanmu
rhannu
kyemu
186/2
bwrdd
twerɛ pono
iard ysgol
sukuu mu
athro
kyerɛkyerɛni
papur
krataa
ysgrifennu
twerɛ
pen
pɛn
desg
ɛpono a yɛyɛ so adwuma
pren mesur
rula
llyfr
nwoma
disgybl
sukuuni

bag ysgol
baage

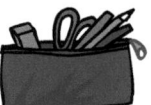

blwch penseli
twerɛdua konko

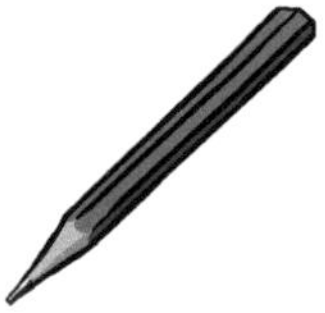

pensil
twerɛdua

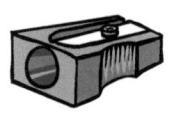

peth rhoi min ar bensil
deɛ yɛde sensen twerɛdua ano

rwber
rɔba

pad arlunio
krataa a yɛdwi adeguso

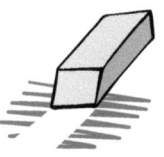

llun

adedwie

brws paent

penti brɔhye

blwch paent

penti adaka

siswrn

apasɔɔ

glud

aman

llyfr ysgrifennu

nwoma a yɛyɛ mu adwuma

gwaith cartref

efie adwuma

rhif

nɔma

ychwanegu

kabom

tynnu

te fri mu

lluosi

mmɔho

cyfrifo

sese

llythyren

lɛtɛ

gwyddor

ntwerɛeɛ

hello

gair

asɛmfua

testun

ntwerɛdeɛ

darllen

kenkan

sialc

kyɔk

gwers

adesua

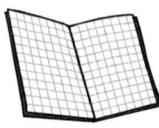

cofrestr

twerɛ wo din

arholiad

nsɔhwɛ

tystysgrif

abodinkrataa

gwisg ysgol

sukuu ataadeɛ

addysg

adesua

gwyddoniadur

nyansa nwoma

prifysgol

suapɔn

microsgop

maakroskop

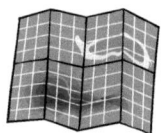

map

map

basged papur gwastraff

kɛntɛn a yɛde krataa nwura
gu mu

teithio
akwantuo

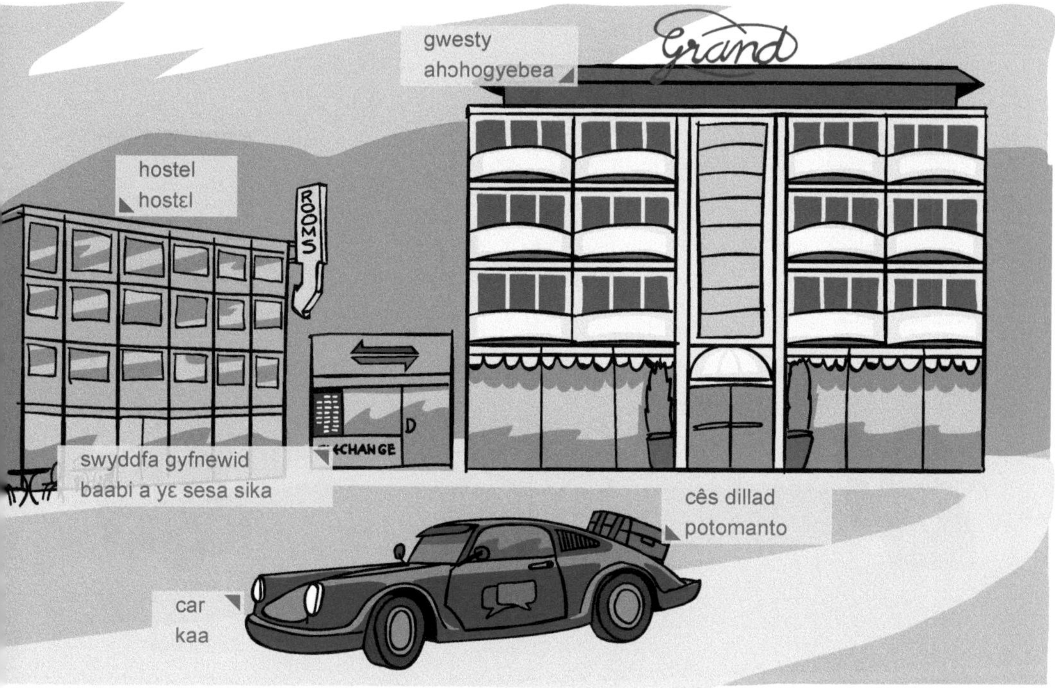
gwesty
ahɔhogyebea
hostel
hostɛl
ROOMS
swyddfa gyfnewid
baabi a yɛ sesa sika
cês dillad
potomanto
car
kaa

iaith
kasa

ie / na
aane / dabi

iawn
Yoo

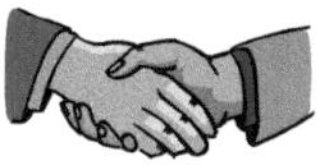

helo
hɛlo

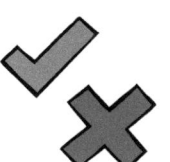

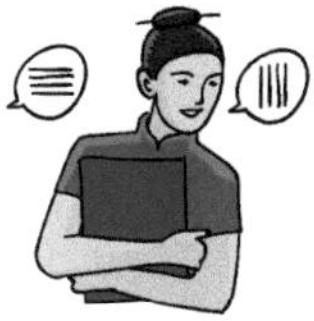

cyfieithydd
kasa asekyerɛfoɔ

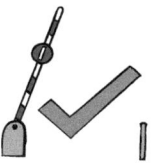

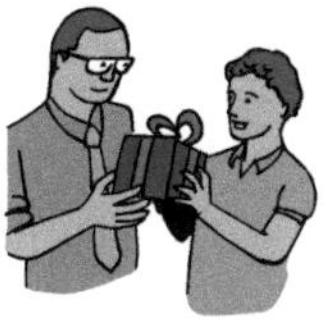

Diolch yn fawr
Medaase

faint yw ...?

...bɔɔ yɛ sɛn?

Dw i ddim yn deall

Me nte aseɛ

problem

ɔhaw

Noswaith dda!

Maadwo!

Bore da!

Maakye!

Nos da!

Dayie!

hwyl

baibai o

cyfarwyddyd

akwankyerɛ

bagiau

wo nneɛma

bag

bɔtɔ

gwarbac

akyirebɔtɔ

gwestai

ɔhɔhoɔ

ystafell

danmu

sach gysgu

bɔtɔ a yɛda mu

pabell

ntomadan

gwybodaeth i ymwelwyr

nsɛm dema wɔn a wɔkɔ nsrahwɛ

traeth

mpoano

cerdyn credyd

kaade a yɛde yi sika

brecwast

anɔpa aduane

cinio

awua aduane

swper

anwumerɛ aduane

tocyn

tiket

lifft

pegya

stamp

stamp

ffin

ɛhyeɛ so

tollau

kutɔmfoɔ

llysgenhadaeth

embasi

fisa

visa

pasbort

passpɔt

cludiant

akɔneabadie

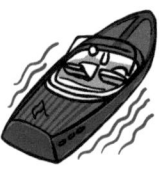

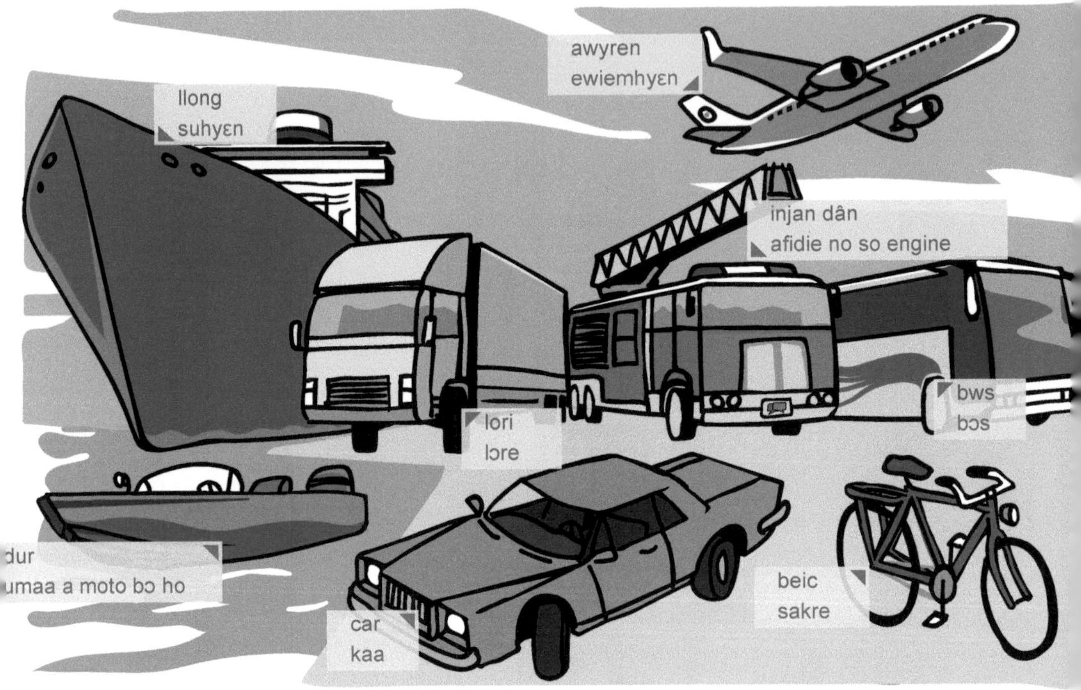

awyren
ewiemhyɛn
llong
suhyɛn
injan dân
afidie no so engine
bws
bɔs
lori
lɔre
dur
umaa a moto bɔ ho
beic
sakre
car
kaa

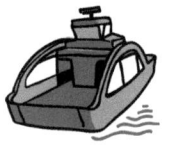

fferi

hyɛma

cwch

suhyɛn kumaa

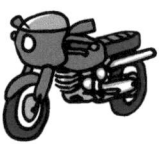

beic modur

motosakre

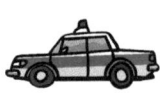

car yr heddlu

polisifoɔ kaa

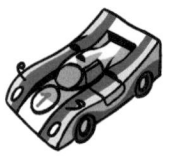

car rasio

kaa a ɛkɔ mirika akansie

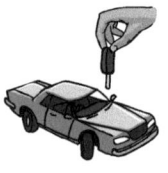

car wedi'i rentu

kaa a yɛde ma ahan

rhannu car

wɔre kyɛ kaa

lori tynnu

lɔre a asɛeɛ

lori ysbwriel

bɔɔla kaa

modur

moto

tanwydd

pɛtro

gorsaf betrol

baabi a yɛbu pɛtro

arwydd traffig

trafik ahyɛnsodeɛ

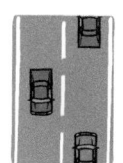

traffig

trafik

tagfa draffig

trafik akye

maes parcio

baabi a yɛde kaa esi

gorsaf drennau

keteke gyinabea

traciau

keteke kwan

trên

keteke

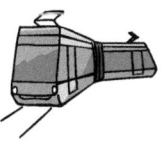

tram

tram

wagen

ponkɔ kaa

hofrennydd

helikopta

maes awyr

ewiemhyɛnbea

tŵr

abansoro

teithiwr

apasingyani

cynhwysydd

tontowa

paced

adaka

cert

kaate

basged

kɛntɛn

esgyn / glanio

atu / asi fam

dinas

kuro kɛseɛ

pentref

akurase

canol y ddinas

kuro dwaberɛ mu

tŷ

efie

dinas - kuro kɛseɛ

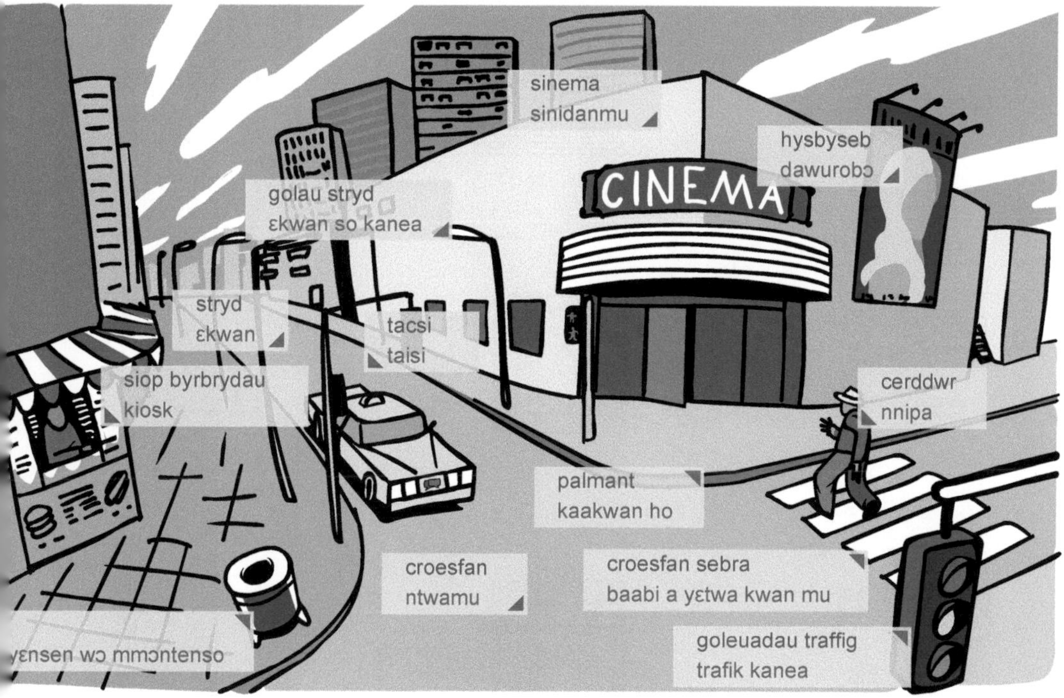

sinema
sinidanmu

hysbyseb
dawurobɔ

golau stryd
ɛkwan so kanea

stryd
ɛkwan

tacsi
taisi

siop byrbrydau
kiosk

cerddwr
nnipa

palmant
kaakwan ho

croesfan
ntwamu

croesfan sebra
baabi a yɛtwa kwan mu

goleuadau traffig
trafik kanea

ɛnsen wɔ mmɔntenso

cwt	fflat	gorsaf drennau
apata	efie	keteke gyinabea

neuadd y dref	amgueddfa	ysgol
adwaberɛm	bea a yɛ kora tete nneɛma	sukuu

prifysgol

suapɔn

banc

sikakrobea

ysbyty

ayaresabea

gwesty

ahɔhogyebea

fferyllfa

famasi

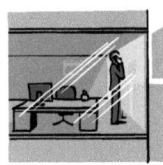

swyddfa

asoeɛ

siop lyfrau

sotɔɔ a wɔtɔn nwoma

siop

sotɔɔ

siop flodau

baabi yɛtɔn nhwiren

archfarchnad

sotɔɔpon

farchnad

edwam

siop adrannol

sotɔɔ kɛseɛ

siop bysgod

baabi a yɛtɔn mpataa

canolfan siopa

dwadibea kɛseɛ

harbwr

suhyɛn gyinabea

dinas - kuro kɛseɛ

parc	banc	pont
baabi kaa gyina	bɛnkye	ɛtwene

grisiau	rheilffordd danddaearol	twnnel
atwedeɛ	asaase ase	ɛbɔn

safle bws	bar	bwyty
baabi a bɔs gyina	nsanombea	adidibea

blwch post	arwydd stryd	mesurydd parcio
lɛta adaka	ɛkwan so akwankyerɛ	baabi kaa gyina ho mita

sŵ	pwll nofio	mosg
zoo	nsuo a yɛ dware mu	nkramodan

 fferm

afuo

llygredd

deɛ egu mmɔnten so fi

mynwent

asieɛ

eglwys

asɔre

maes chwarae

agodibea

teml

asɔre dan

tirwedd

mmɔnten so asiesie

deilen
ahaban

arwydd cyfeirio
sanbɔd

ffordd
kwan

dôl
asaase a ɛsere wɔ so

carreg
boba

coeden
dua

heiciwr
ɔnantefoɔ

afon
asubɔnten

glaswellt
ɛserɛ

blodyn
nhwiren

cwm

amenamu

bryn

bepɔ

llyn

tadeɛ

coedwig

kwaeɛ

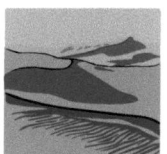

anialwch

ɛserɛ so

llosgfynydd

egya a efri botan mu

castell

abankɛseɛ

enfys

nyankontɔn

madarchen

emere

palmwydden

abɛtene

mosgito

ntomntom

pryf

tu

morgrugyn

ntɛtea

gwenyn

wowa

pryf copyn

ananse

chwilen

amankuo

llyffant

apɔnkyerɛni

gwiwer

opuro

draenog

apɛsɛ

ysgyfarnog

adanko

tylluan

patuo

aderyn

anomaa

alarch

nsuo mu dabodabo

baedd

kɔkɔte

carw

adoa

elc

ɔtweenini

argae

dam

tyrbin gwynt

wind turbine afidie

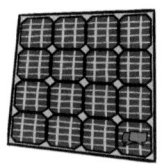

panel haul

afidie a ɛkye awia

hinsawdd

wiem nsakraeɛ

bwyty
adidibea

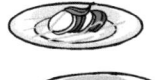

gweinydd
ɔsom adidieɛ
bwydlen
aduane a ɛwɔ hɔ
cadair
akonwa
cawl
nkwan
pitsa
pisa
lliain bwrdd
ntoma a ɛse pono so
cyllyll a ffyrc
ntere a yɛde didi

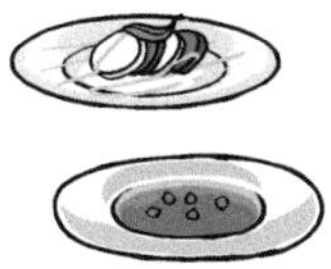

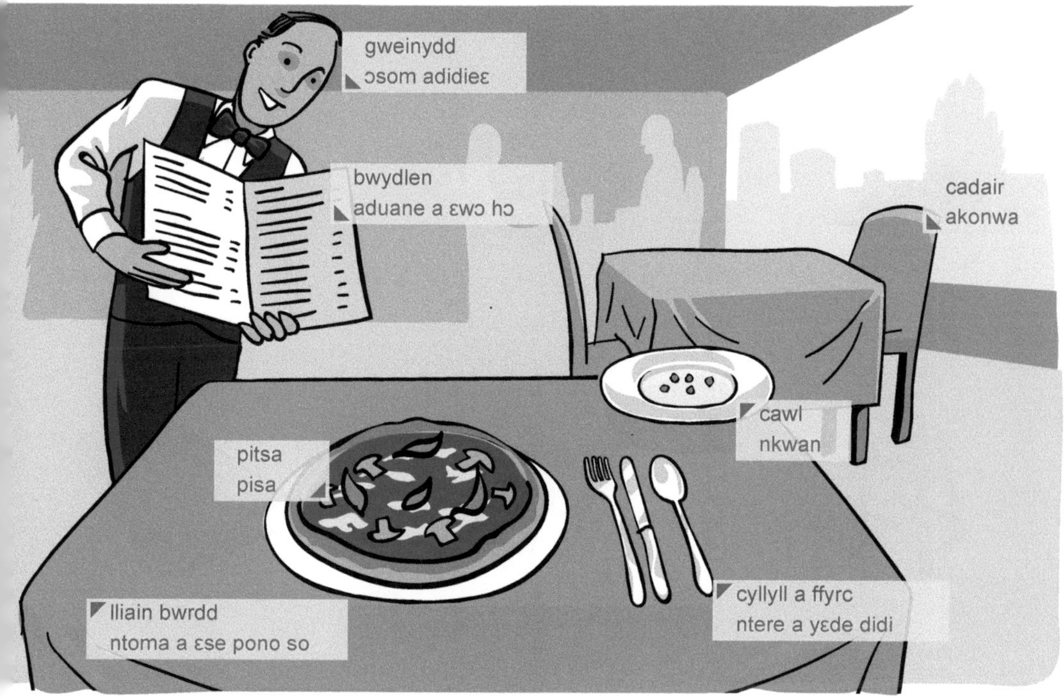

cwrs cyntaf

mprampra anom

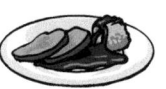

prif gwrs

aduane no ankasa

pwdin

mpa anom

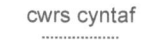

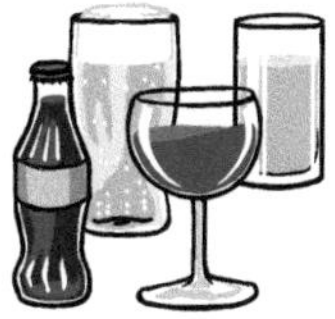

diodydd

nsa

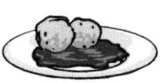

bwyd

aduane

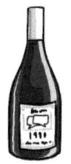

potel

toa

bwyd cyflym

aduane hyewhyew

bwyd y stryd

abɔnten so aduane

tebot

tii kukuo

powlen siwgr

asikyire konko

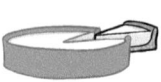

dogn

wo kyɛfa

peiriant espresso

espresso afidie

cadair plentyn

akonwa tenten

bil

wo ka

hambwrdd

apanpan

cyllell

sekan

fforc

adinam

llwy

atere

llwy de

atere ketewa

napcyn

napkin a yɛde pepa ano

gwydr

glase

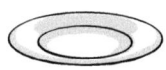

plât
prɛte

plât cawl
kwan kyɛnsee

soser
prɛte ketewa

saws
abomu

pot halen
nkyene kukuo

melin bupur
yɛde yam mako

finegr
fenega

olew
anwa

sbeisys
aduhwam

saws coch
kɛkyɔp

mwstard
mustad

mayonnaise
mayones

archfarchnad
sotɔɔpɔn

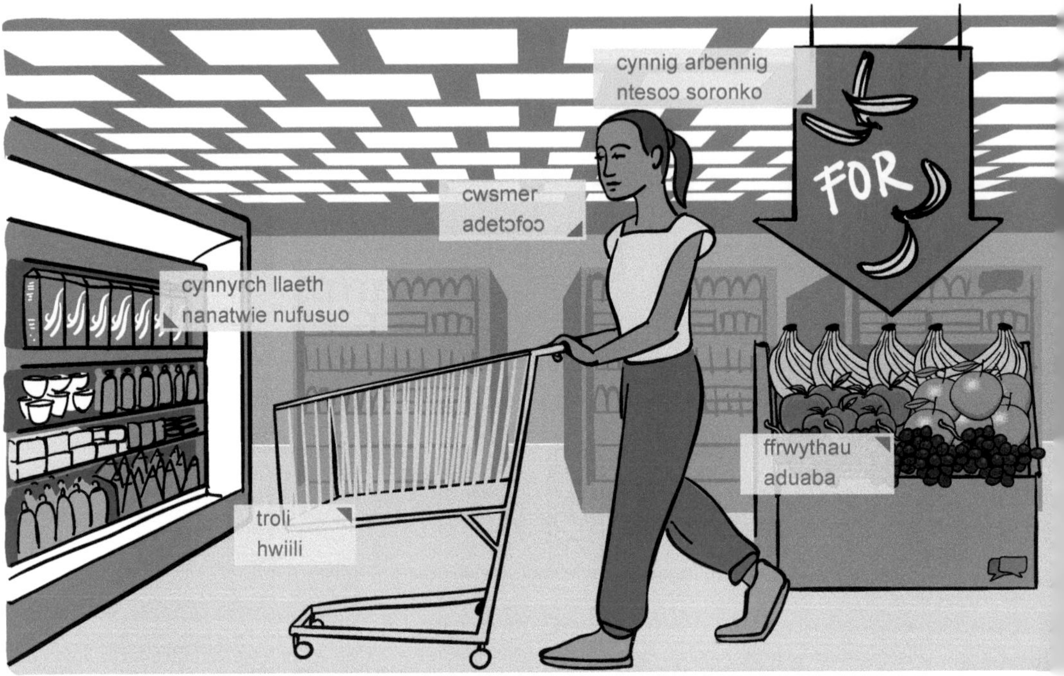

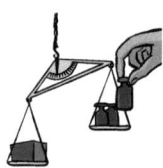

cynnig arbennig
ntesoɔ soronko
FOR
cwsmer
adetɔfoɔ
cynnyrch llaeth
nanatwie nufusuo
ffrwythau
aduaba
troli
hwiili

BUTCHERS

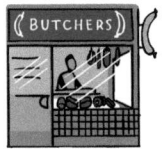

siop gig

baabi a yɛtɔn nam

BAKERY

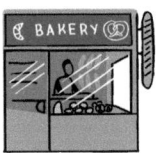

siop fara

baabi a yɛtɔn paano

pwyso

susu

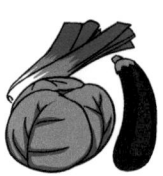

llysiau

atosodeɛ

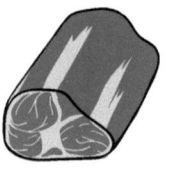

cig

nam

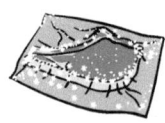

Bwyd wedi'i rewi

frigyemu aduane

cig oer

nam a adwɔɔ

bwyd tun

kyɛnsee mu aduane

powdr golchi

paoda samena

da-da

adedɔkɔdɔkɔ

cynnyrch cartref

efie nneɛma

cynhyrchion glanhau

adetɔneɛ a yɛde pepa fin

gwerthwraig

nnipa a ɔtɔn adeɛ

til

afidie a egye sika

ariannwr

ɔgyegye sika

rhestr siopa

ataa a wodi rekɔ di dwa

oriau agor

berɛ a wɔde bua

waled

sikabɔtɔ

cerdyn credyd

kaade a yɛde yi sika

bag

baage

bag plastig

rɔba baage

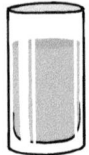

dŵr

nsuo

sudd

aduaba mu nsuo

llefrith

nufusuo

côc

kok

gwin

wain nsa

cwrw

biya

alcohol

mmorosa

coco

kokoo

te

tii

coffi

kofe

espresso

espresso

cappuccino

kapukyino

ffrwchledd

kwadu

afal

apol

oren

ankaa

melon

melon

lemwn

akutɔɔ

moronen

karɔt

garlleg

garlik

bambŵ

pampro

nionyn

gyeene

madarchen

mmere

cnau

nkateɛ

nwdls

talia

sbageti

spageti

reis

ɛmo

salad

salad

sglodion

kyipis

tatws wedi'u ffrïo

abrɔdwomaa a y'akye

pitsa

pisa

hambyrger

hambɔga

brechdan

sanwekye

cytled

nam a dompe nnim

ham

preko nam

salami

nam a y'ahata

selsig

sɔsege

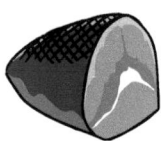

cyw iâr

akokɔ

rhost

toto

pysgodyn

apataa

ceirch uwd

oosu koko

miwsli

muesli

creision ŷd

konflese

blawd

esam

croissant

krossant

bynsen

paano a y'abobɔ

bara

paano

tost

paano a y'atoto

bisgedi

biskete

menyn

bɔta

ceuled

nufusuo a ada

teisen

keeke

wy

kosua

wy wedi'i ffrïo

kosua a y'akyeɛ

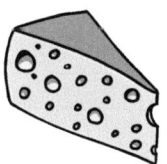

caws

kyiis

hufen iâ

asskrim

siwgr

asikyire

mêl

ɛwoɔ

jam

gyaam

siocled taenu

kyokolete

cyri

kɔri

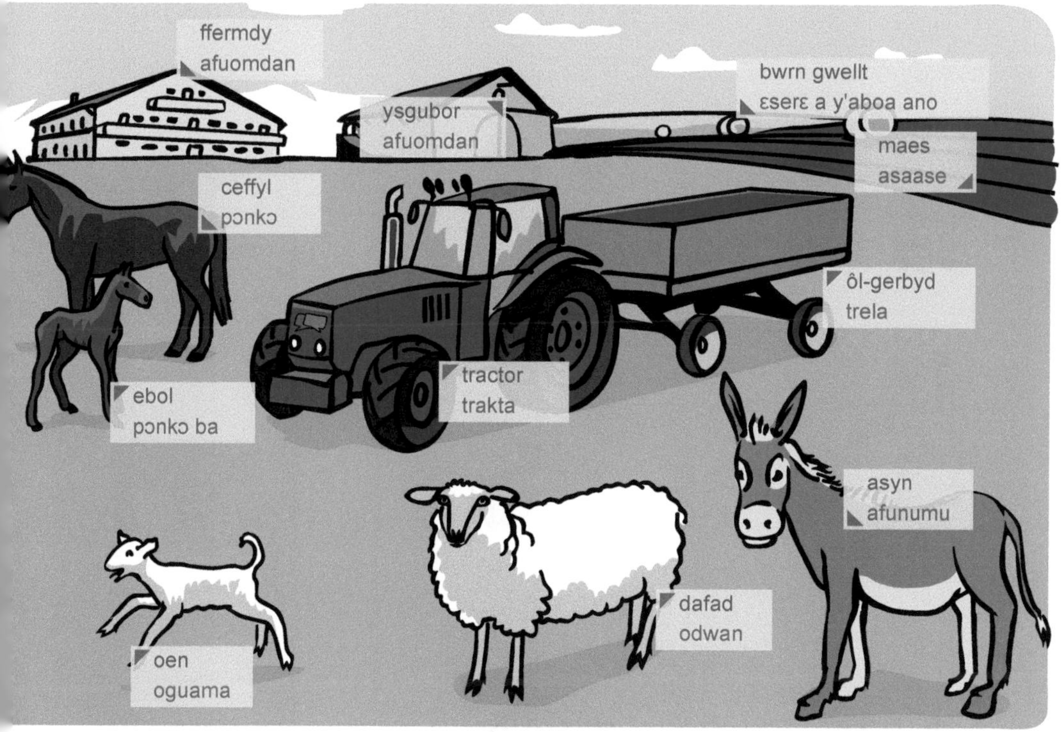

ffermdy
afuomdan

ysgubor
afuomdan

bwrn gwellt
εserε a y'aboa ano

maes
asaase

ceffyl
pɔnkɔ

ôl-gerbyd
trela

ebol
pɔnkɔ ba

tractor
trakta

asyn
afunumu

dafad
odwan

oen
oguama

gafr
....
apɔnkye

buwch
....
nantwie

llo
....
nantwie ba

mochyn
....
prεko

porchell
....
prεko ba

tarw
....
nantwinini

gwydd

dabodabo nua

hwyaden

dabodabo

cyw

akokɔba

iâr

akokɔbedeɛ

ceiliog

akokɔnini

llygoden fawr

kusie

cath

ɔkra

llygoden

akura

ych

nantwinini

ci

kraman

cwt ci

kraman buo

pibell ddŵr

afuom drobɛn

can dŵr

tontora a yɛde gu nsuo

pladur

sekan a yɛde twa aburo

aradr

funtum dadeɛ

28 fferm - afuo

cryman

kɔntɔnkrɔ

fforch chwynu

asɔ

picwarch

afuom adinam

bwyell

akuma

berfa

hweebaro

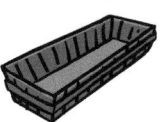

cafn

adidika

tun llefrith

nufusuo konko

sach

bɔtɔ

ffens

ɛban

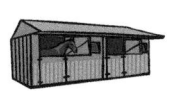

stabl

pɔnkɔ dan

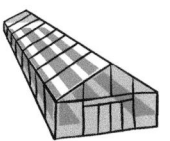

tŷ gwydr

ntomadan a yɛyɛ mu afuo

pridd

anwea

hedyn

aba

gwrtaith

ɔyɛ asaaseyie

dyrnwr medi

otwaberɛ trakta

cynaeafu

twa

cynhaeaf

otwaberɛ

iamau

bayerɛ

gwenith

ayuo

soi

soya

tysen

abrɔdwomaa

grawn

aburo

had rêp

repu aba

coeden ffrwythau

dua a ɛso aba

manioc

bankye

grawnfwydydd

aburo asefoɔ

fferm - afuo

simnai
nwusie kyiniieɛ

to
mmɔsoɔ

peipen law
paipo a nsuo fa mu

ffenestr
mpoma

garej
garage

cloch y drws
ɛpono ho adɔma

drws
ɛpono

bin sbwriel
bɔɔla kyɛnsen

blwch post
lɛta adaka

gardd
afuoketewa

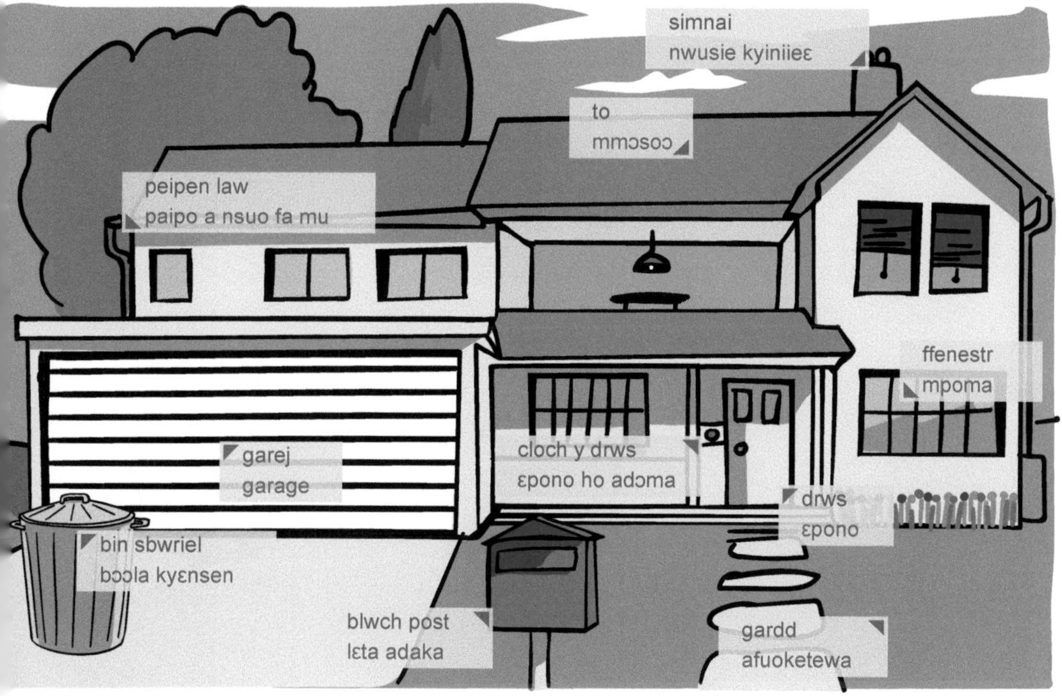

lolfa
asaso

ystafell ymolchi
adwareɛ

cegin
mukaase

ystafell wely
pie mu

ystafell plentyn
nkwadaa dan mu

ystafell fwyta
dan a yɛdidi mu

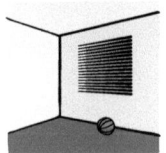

llawr

ɛfam

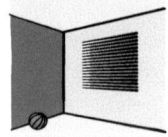

wal

ɛban

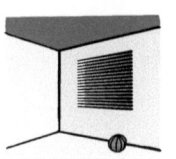

nenfwd

abruuso

seler

danbloo

sawna

adwereɛ a ɛbɔ ɔhyew

balconi

abranaa

teras

abranaaso

pwll

nsuo a yɛdware mu

peiriant torri gwair

afidie a yɛde dɔ

taflen

nsɛfam

gorchudd gwely

ntoma a ɛse kɛtɛ so

gwely

mpa

ysgub

prayɛ

bwced

bokiti

swits

dane

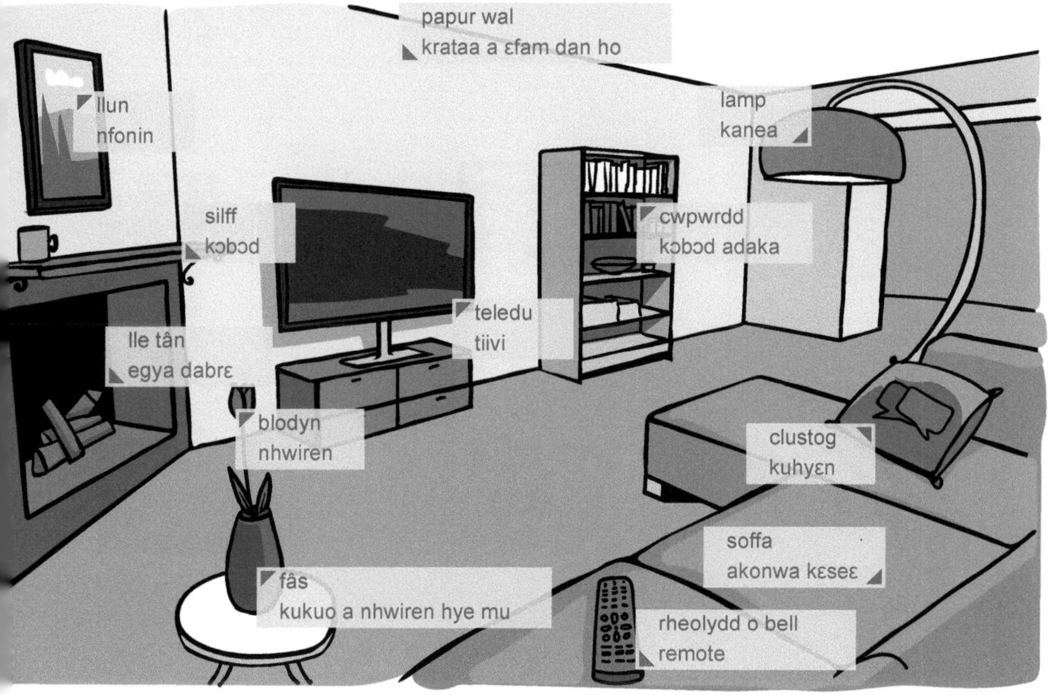

papur wal
krataa a ɛfam dan ho

llun
nfonin

lamp
kanea

silff
kɔbɔd

cwpwrdd
kɔbɔd adaka

lle tân
egya dabrɛ

teledu
tiivi

blodyn
nhwiren

clustog
kuhyɛn

soffa
akonwa kɛseɛ

fâs
kukuo a nhwiren hye mu

rheolydd o bell
remote

	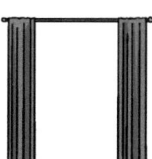	
carped	llen	bwrdd
kapɛte	ntwaa dan mu	ɛpono

cadair	cadair siglo	cadair freichiau
akonwa	akonwa a ehinhim	akonwa a yɛgyegye dan

llyfr

nwoma

blanced

kuntu

addurn

dan mu nsiesie

coed tân

egya

ffilm

sini

hi-fi

wailɛs

agoriad

safoa

papur newydd

koowaa krataa

darlun

nfonin a y'adwi

poster

nfam danho

radio

radio

llyfr nodiadau

krataa a yɛ twere mu

hwfer

afidie a ɛprapra

cactws

kaktus

cannwyll

kyɛnere

cegin
mukaase

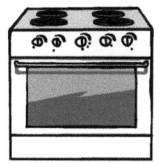

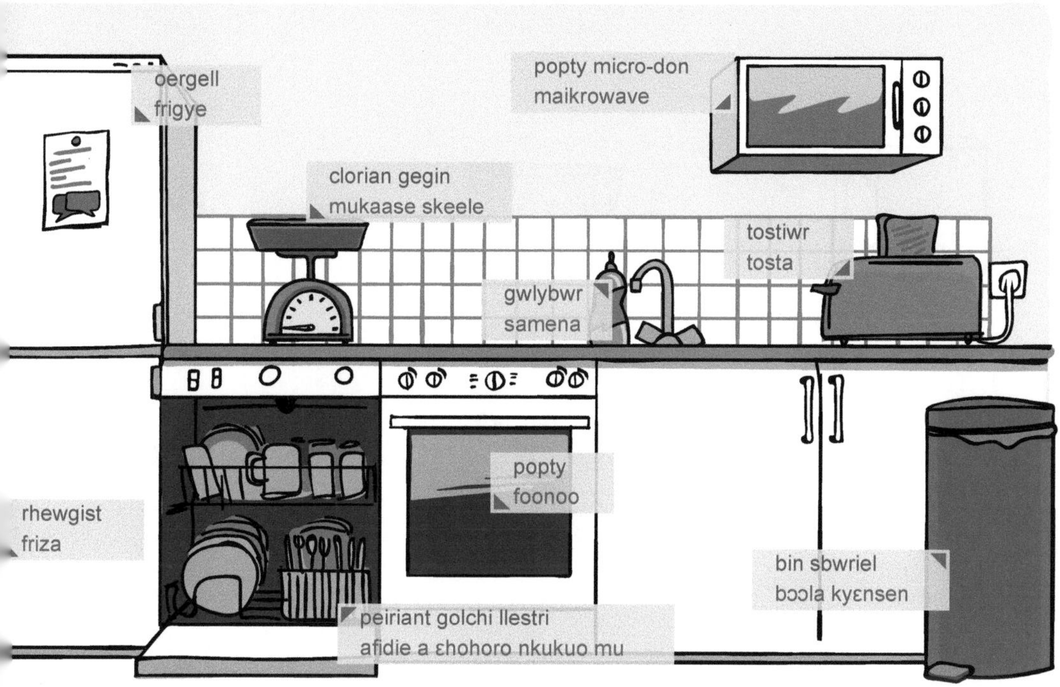

oergell
frigye
popty micro-don
maikrowave
clorian gegin
mukaase skeele
tostiwr
tosta
gwlybwr
samena
popty
foonoo
rhewgist
friza
bin sbwriel
bɔɔla kyɛnsen
peiriant golchi llestri
afidie a ɛhohoro nkukuo mu

popty
....
abɛɛfo bukyea

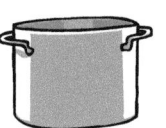

pot
....
kokuo

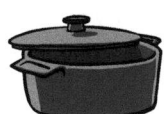

pot haearn bwrw
....
dadesɛn

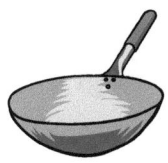

wok / kadai
....
wok / kadai

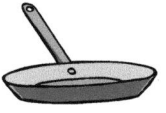

padell
....
kyɛnsee

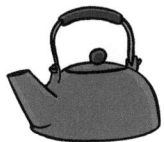

tegell
....
nsuo hyeɛ afidie

sosban stemio

stiima

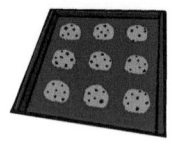

hambwrdd pobi

apa a yɛ to so adeɛ

llestri

prɛte, kuruwa, ntere ne nea ɛkeka ho

mwg

kuruwa a etumi bɔ

powlen

kyɛnsee

gweill bwyta

nnua a yɛde didi

lletwad

kwantre

ysbodol

dua atere

chwisg

yɛde nu adeɛ mu

hidlydd

sɔneɛ

gogr

fefe

gratiwr

greta

morter

waduro

barbeciw

kyinkyinga

tân agored

bukyea

36   cegin - mukaase

bwrdd torri cig

:pono a yɛ twitwaso adeɛ

rholbren

ɛta

tynnwr corcyn

deɛ yɛtu nsa so

tun

konko

peth agor tuniau

deɛ yɛde bue konko so

clwt pot

yɛde sɔ kukuo mu

sinc

sink

brws

brɔhye

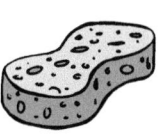

sbwng

sapɔ

peiriant cymysgu

aduane yam fidie

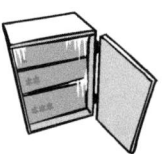

rhewgell

friza nini

potel babi

toa a abɔdoma nom ano

tap

paipo

cegin - mukaase

37

ystafell ymolchi
adwareɛ

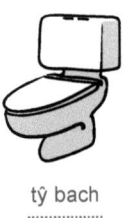

cawod
hyawa
gwres
ɔhyewbɔ
tywel
bɔɔloba
llen gawod
ntoma etwa hyawa mu
baddon ewyn
ahuro a yɛdware mu
baddon
pan a yɛdware mu
gwydr
glase
peiriant golchi
afidie a esi nnɛma
tap
paipo
teils
tiailse
potyn
kuraba
sinc
sink

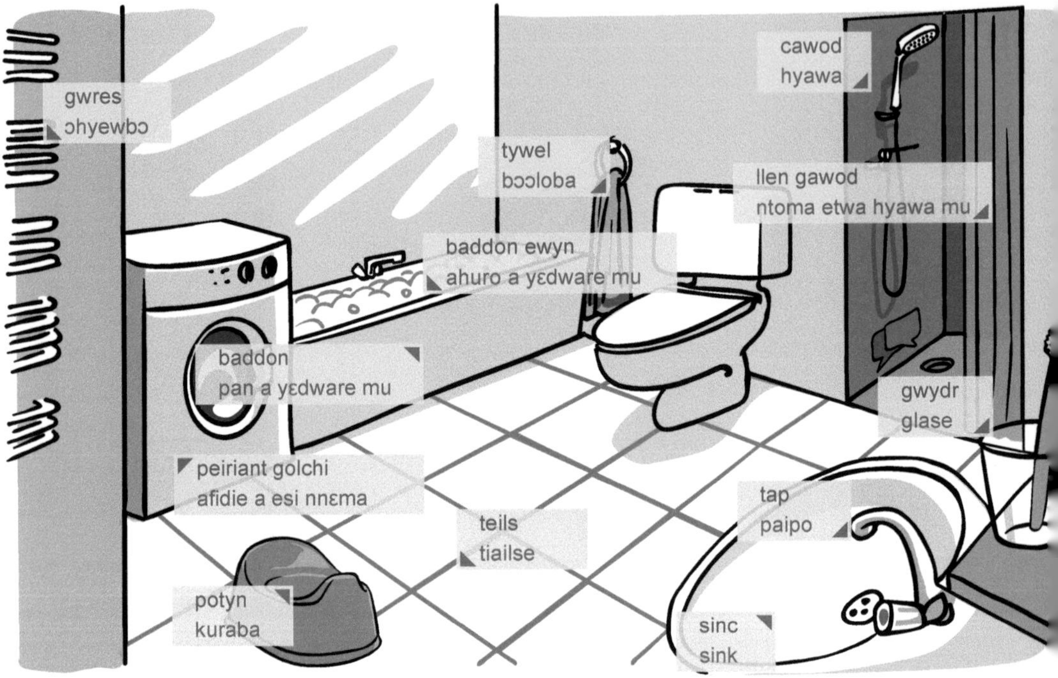

tŷ bach
teɛfi

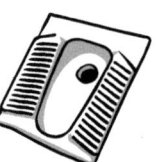

toiled cyrcydu
teɛfi a yɛ koto so

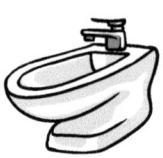

bidet
bidet teɛfi

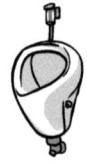

troethfa
dwonsɔ dan

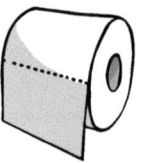

papur tŷ bach
teɛfi so krataa

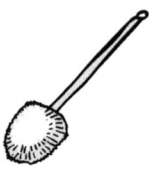

brws tŷ bach
teɛfi so brɔhye

brws dannedd

brɔhye a yɛde twitwiri see

past dannedd

aduro a yɛde twitwiri see

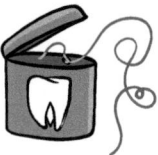

edau ddannedd

yɛde yiyi ɛsee mu

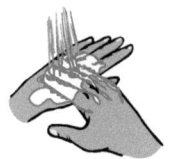

golchi

si

cawod llaw

hyawa a yɛsɔ mu

golchfa

paipo a yɛde hohoro ananmu

basn

bokiti

brws-ôl

brɔhye a wode dware w'akyi

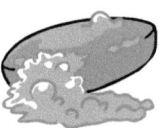

sebon

samena

gel cawod

hyawa samena

siampŵ

nsuo samena

gwlanen

flanɛl ntoma

ffos

baabi a nsu fa pue

hufen

nku

diaroglydd

yɛde fefa amotoamu

drych

ahwehwɛ

drych llaw

ahwehwɛ a yɛsɔ mu

rasel

bled

ewyn eillio

ahuro a yɛde yi nwi

sent eillio

aduro a yɛde fefa baabi a
wo ayi nwi

crib

afen

brws

brɔhye

sychwr gwallt

afidie a ɛwo nwi

chwistrell gwallt

enwi sopre

colur

pɔns

minlliw

lipstike

farnais ewinedd

penti a yɛde mɔreɛ so

gwlân cotwm

asaawa

siswrn ewinedd

apasoɔ a etwa mmɔreɛ

persawr

aduhwam

ystafell ymolchi - adwareɛ

bag ymolchi

adwareɛ baage

stôl

edwa

clorian

skele

gŵn baddon

adwereɛ ataadeɛ

menig rwber

rɔba a yɛde hyɛ nsa ho

tampon

tampon

tywel misglwyf

abɛɛfo amonsen

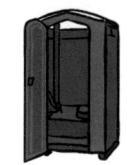

toiled cemegol

teɛfi a aduro gum

ystafell plentyn
nkwadaa dan mu

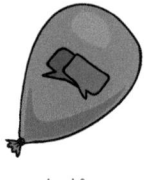

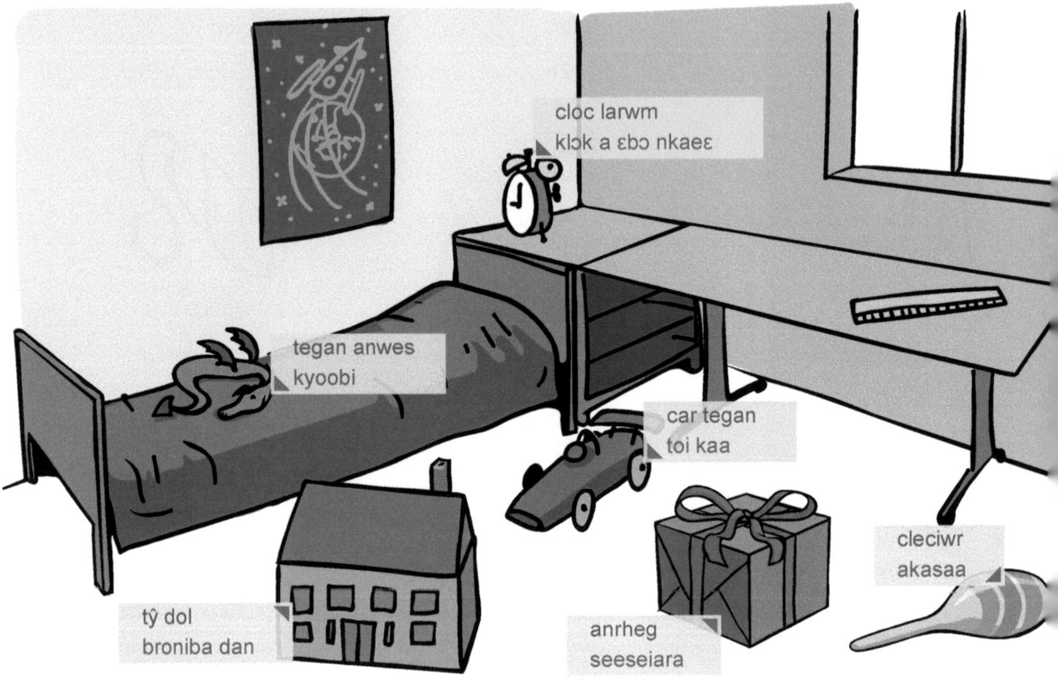

cloc larwm
klɔk a ɛbɔ nkaeɛ
tegan anwes
kyoobi
car tegan
toi kaa
cleciwr
akasaa
tŷ dol
broniba dan
anrheg
seeseiara

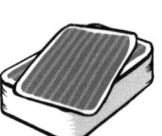

balŵn
baaluu

gwely
mpa

pram
nkwadaa kaa

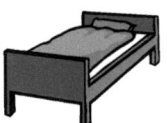

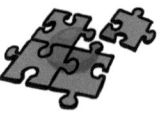

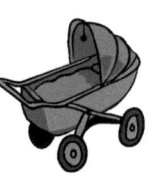

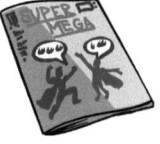

pecyn o gardiau
sopaa

jig-so
gyiksɔɔ

comic
nsɛnkwa

brics Lego

lego blɔg

blociau adeiladu

blɔg a yɛde si dan

ffigur gweithredu

nnipa ɔbɔhye

babygro

abɔdoma ataadeɛ

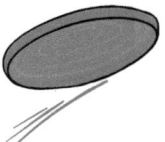

ffrisbi

frisbee

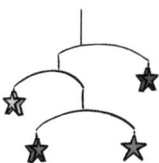

ffôn symudol

mobail

gêm fwrdd

ponoso agodie

deis

daahye

set model trên

nkwadaa keteke

teth lwgu

koliko

parti

apontoɔ

llyfr lluniau

nfonin nwoma

pêl

bɔɔlo

dol

broniba

chwarae

di agorɔ

pwll tywod

anwea adaka

swing

adonko

teganau

tois

consol gemau fideo

video agodie apaawa

beic tair olwyn

sakre a ne nan mɛnsa

tedi

kyoobi

cwpwrdd dillad

wɔdropo

dillad

ntaadeɛ

hosanau

sɔks

hosanau

stokens

teits

sekentait

44   dillad - ntaadeɛ

sgarff
duku

ymbarél
kyinieɛ

gwregys
bɛlɛte

crys-t
t-hyɛɛt

esgidiau
mpaboa

sliperi
kyalewate

esidiau ymarfer
kamboo

sandalau
asopatre

esgidiau
mpoboa

esgidiau rwber
rɔba mpaboa

trôns
ɛtam

bra
bra

fest
singlɛte

corff

nipadua

trowsus

trɔsa

jîns

gyins

sgert

sekɛɛt

blows

ɛsoro ataadeɛ

crys

hyɛɛte

pwlofer

nkatoho a ɛko awɔ

hwdi

hoodie

blaser

koot

siaced

nkatasɔɔ

côt

nkatasɔɔ

côt law

nsutɔ mu nkataho

gwisg

dwumadie bi ho ataadeɛ

gŵn

mmaa atadeɛ

gwisg briodas

ayefrɔ ataadeɛ

siwt

kootu

gŵn nos

mmaa ataadeɛ a yɛde da

pyjamas

pigyamas ataadeɛ

sari

sari

sgarff pen

duku

tyrban

abotire

bwrca

burka

cafftan

kaftan

abaya

nkramofoɔ mmaa atadeɛ

gwisg nofio

ataadeɛ a yɛde dware nsuo

trowsus nofio

asenemu ataadeɛ

siorts

nika

tracwisg

agokansie ntaadeɛ

ffedog

akatasoɔ

menig

nsa nkataho

botwm

bɔtom

sbectol

sopɛɛse

breichled

ahwneɛ

cadwyn

komadeɛ

modrwy

kawa

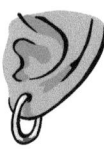

clustdlws

asomadeɛ

cap

ɛkyɛ

cambren

yɛde koot sɛn so

het

ɛkyɛ

tei

abɔmene mu

sip

zip

helmed

ɛkyɛ denden

fframiau danedd

bresis

gwisg ysgol

sukuu ataadeɛ

gwisg

adwuma ataadeɛ

bib

mmɔfra bib

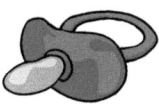

teth lwgu

koliko

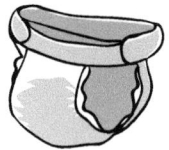

cewyn

nkwadaa napken

swyddfa
asoeɛ

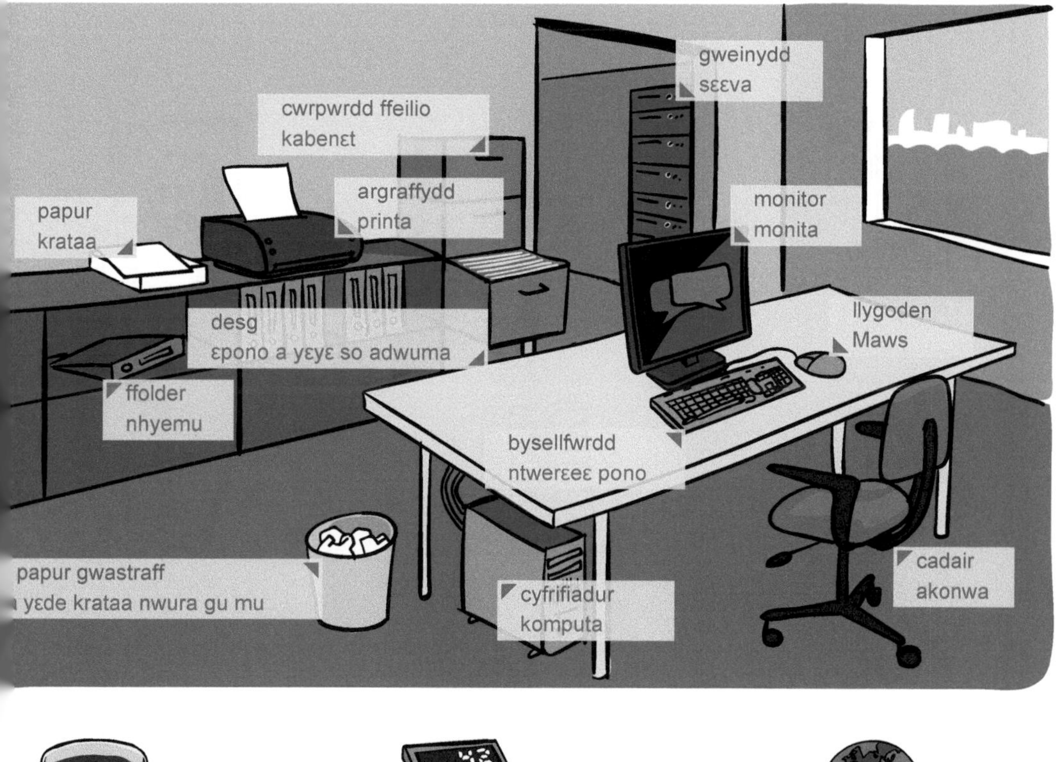

cwrpwrdd ffeilio
kabenɛt

argraffydd
printa

papur
krataa

desg
ɛpono a yɛyɛ so adwuma

ffolder
nhyemu

bysellfwrdd
ntwerɛeɛ pono

papur gwastraff
ɩ yɛde krataa nwura gu mu

cyfrifiadur
komputa

gweinydd
sɛɛva

monitor
monita

llygoden
Maws

cadair
akonwa

mwg coffi

kɔfe kuruwa

cyfrifiannell

akontabuo fidie

rhyngrwyd

intanɛt

swyddfa - asoeɛ   49

gliniadur

laptop

llythyr

lɛta

neges

nkratɔɔ

ffôn symudol

mobail kasafidie

rhwydwaith

nɛtwɛke

llungopïwr

fotokɔpi

meddalwedd

softwɛɛ

teleffon

tetefon

soced plwg

sɔkɛt

peiriant ffacs

faks afidie

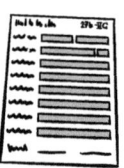

ffurflen

katraa

dogfen

nkrataa

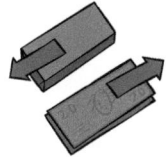

prynu

tɔ

talu

tua

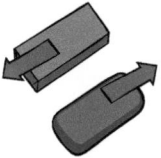

masnachu

di dwa

arian

sika

doler

dollar

ewro

euro

yen

yen

rwbl

rubel

ffranc y Swistir

Swiss franks

yuan renminbi

renminbi yuan

rwpi

rupii

peiriant arian

baabi yɛtua sika

swyddfa gyfnewid

baabi a yɛ sesa sika

aur

sika kɔkɔɔ

arian

dwetɛ

olew

now

ynni

ahoɔden

pris

ne boɔ

contract

kontragye

treth

ɛtoɔ

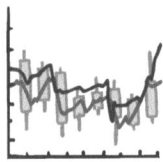

stoc

stɔk

gweithio

adwuma

cyflogai

adwumayɛni

cyflogwr

adwumawura

ffatri

mfididwuma mu

siop

sotɔɔ

swyddi
nwuma ahodoɔ

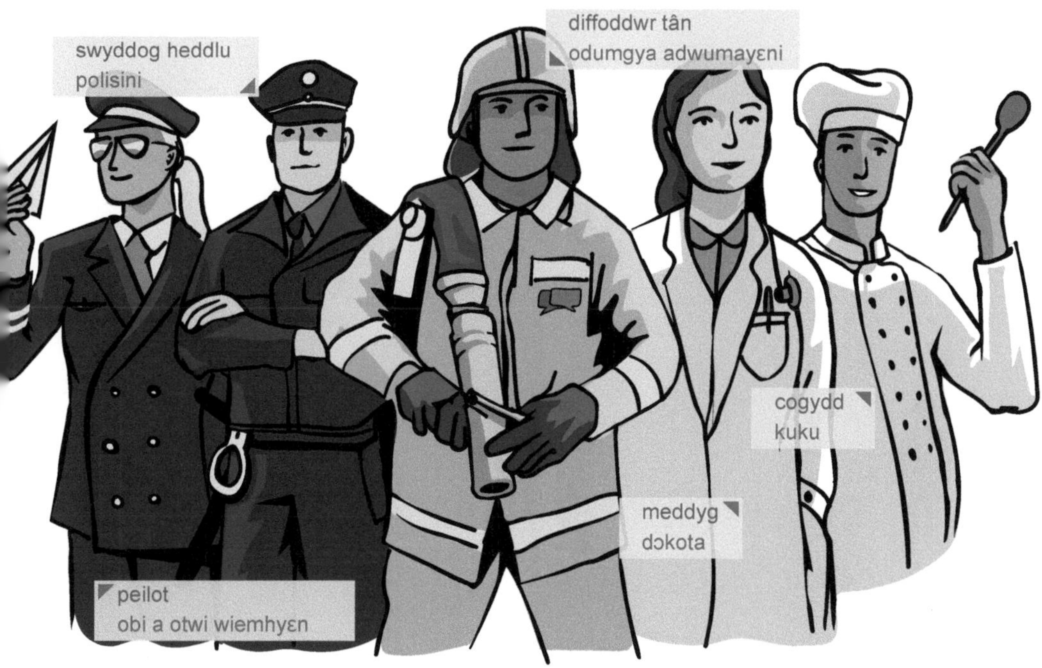
swyddog heddlu
polisini
diffoddwr tân
odumgya adwumayɛni
cogydd
kuku
meddyg
dɔkota
peilot
obi a otwi wiemhyɛn

garddwr

ɔyɛ afuo

saer

dua dwomfoɔ

gwniadwraig

adepani baa

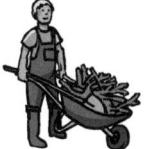

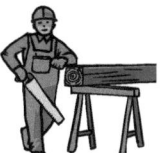

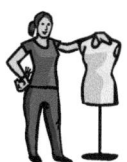

barnwr

atɛnmuafoɔ

fferyllydd

ɔtɔn nnuro

actor

sini yɛfoɔ

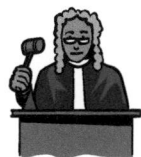

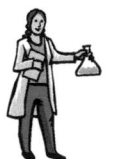

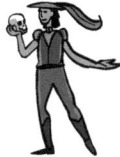

gyrrwr bws

bɔs drɔba

gyrrwr tacsi

taisi drɔba

pysgotwr

ɔpofɔɔ

glanhawraig

ɔbaa a osiesie fie

töwr

ɔbɔdanso

gweinydd

ɔsom adidieɛ

heliwr

bɔmɔfoɔ

paentiwr

penta

pobydd

ɔto paano

trydanwr

ɔyɛ nkaneɛ ho adwuma

adeiladwr

ɔdansifɔɔ

peiriannydd

inginia

cigydd

ɔdwa nam

plymiwr

plɔmba

dyn y post

krataa manefoɔ

milwr

sogyani

pensaer

ɔdwi adan

ariannwr

ɔgyegye sika

gwerthwr blodau

ɔtɔn nhwiren

triniwr gwallt

ɔyɛ tire

archwiliwr tocynnau
rheilffordd

meeti

mecanydd

fitani

capten

nnipa a otwi suhyɛn

deintydd

ɛsee dɔkota

gwyddonydd

abɔdeɛ mu nimdefoɔ

rabi

rabi

imam

kramo panin

mynach

ɔsɔfo

clerigwr

ɔsɔfo

offer

anwenade

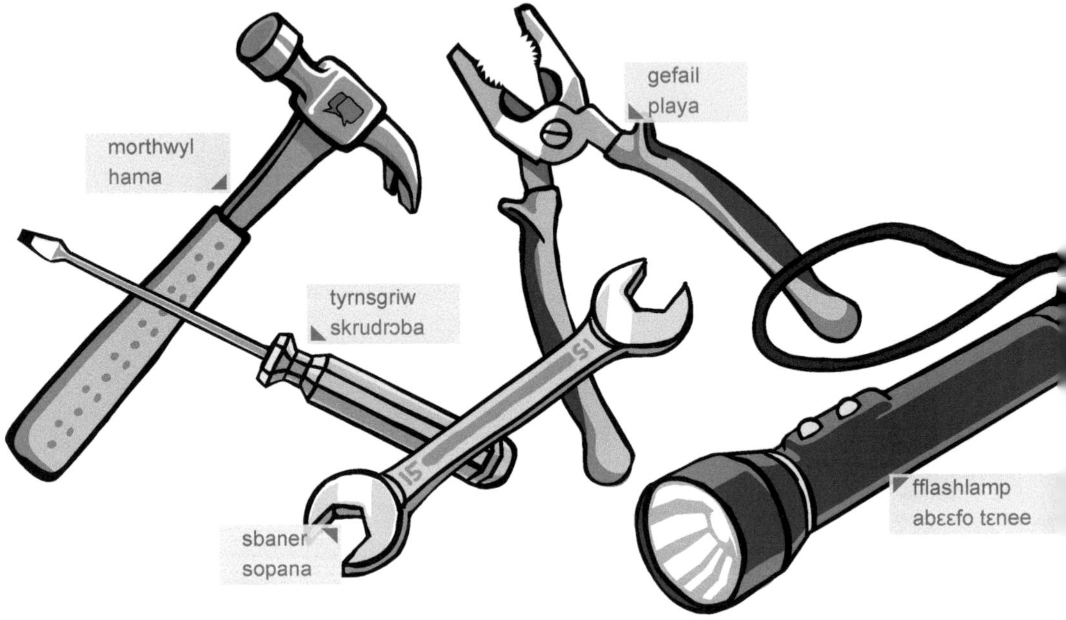

morthwyl
hama
gefail
playa
tyrnsgriw
skrudrɔba
sbaner
sopana
fflashlamp
abɛɛfo tɛnee

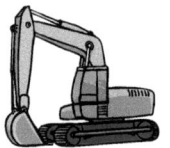

turiwr

otu amena

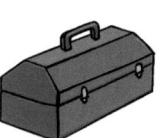

blwch offer

anwenade adaka

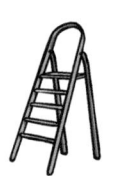

ysgol

atwedeɛ

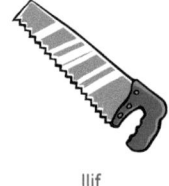

llif

asradaa

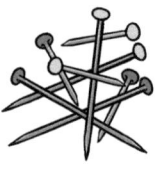

hoelion

nnadewa

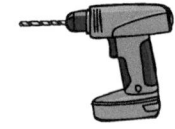

dril

afidie a yɛde bɔne tokro

trwsio

siesie

rhaw

sofi

Daria!

Ebei!

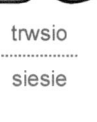

rhaw lwch

asanwura

pot paent

penti kukuo

sgriwiau

skruu

offerynnau cerdd

nneɛma a yɛde bɔ nwom

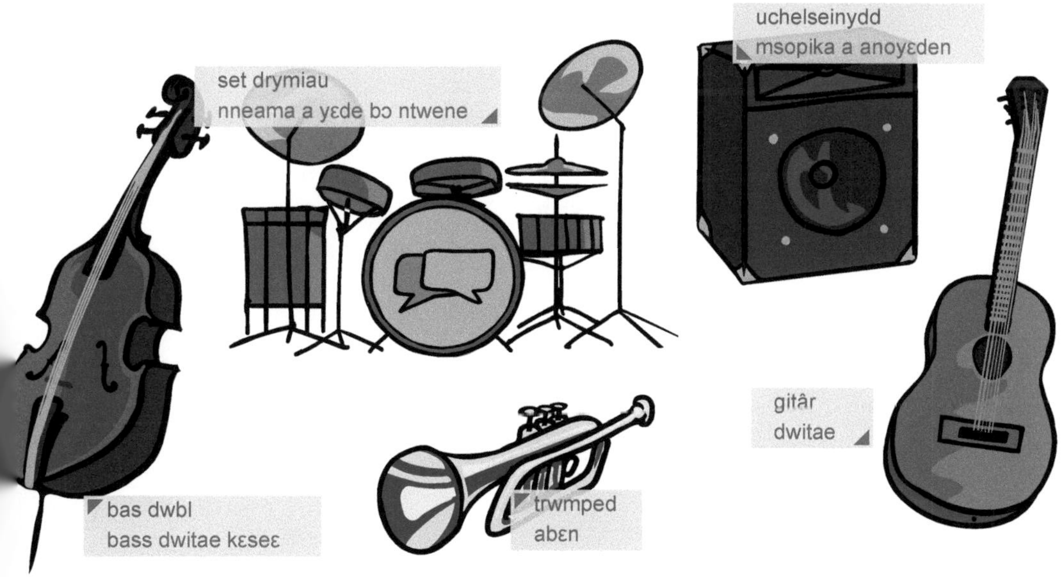

set drymiau
nneama a yɛde bɔ ntwene

uchelseinydd
msopika a anoyɛden

bas dwbl
bass dwitae kɛseɛ

trwmped
abɛn

gitâr
dwitae

piano

sankuo

ffidil

ahoma sankuo

bas

bass dwitae

timpani

atumpan

drymiau

ntwene

cyweirfwrdd

ntwerɛeɛ apa

sacsoffon

saksofon

ffliwt

atentenbɛn

meicroffon

maikrofon

sŵ

zoo

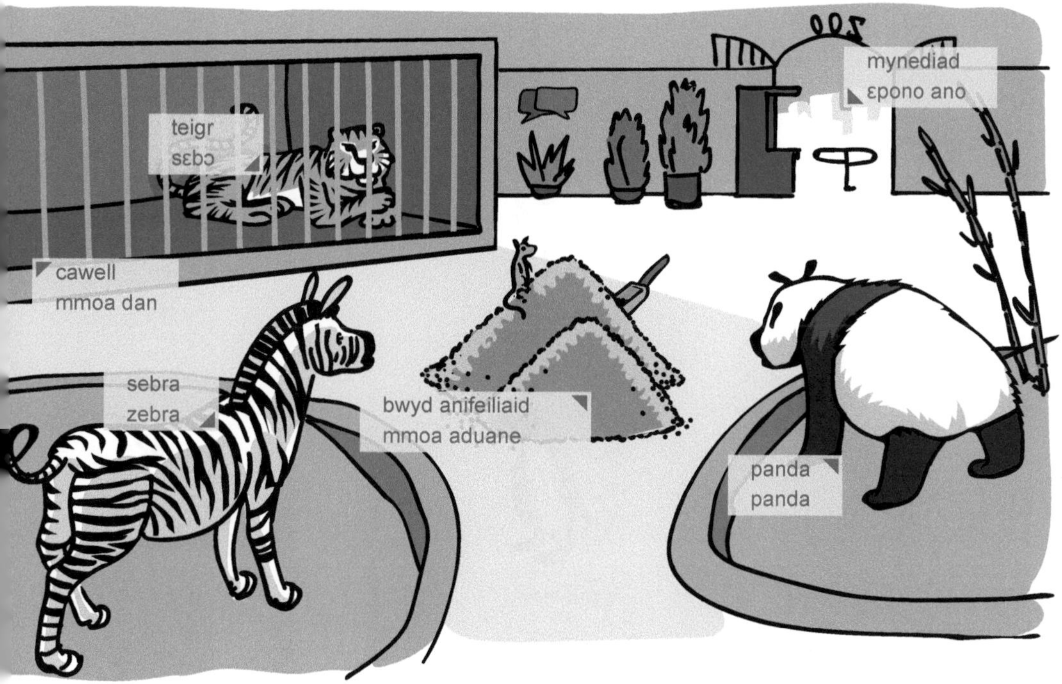

mynediad
ɛpono ano
teigr
sɛbɔ
cawell
mmoa dan
sebra
zebra
bwyd anifeiliaid
mmoa aduane
panda
panda

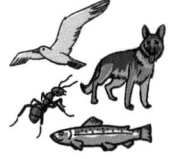

anifeiliaid

mmoa

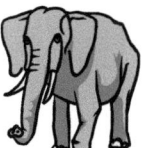

eliffant

ɔsono

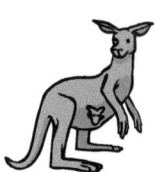

cangarŵ

kangaru

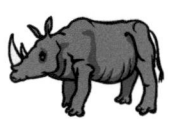

rhinoseros

raino

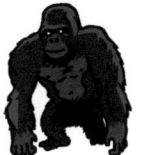

gorila

akatea

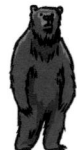

arth

sisire

camel

afunuponkɔ

estrys

sohori

llew

gyata

mwnci

adwee

fflamingo

flamingo

parot

ako

arth wen

awɔ mu sisire

pengwin

penguin

siarc

oboodede

paun

akɔkonini abankwa

neidr

ɔwɔ

crocodeil

dɛnkyɛm

gofalwr sŵ

nnipa ɛhwɛ zoo so

morlo

nsuo mu gyata

jagwar

sebɔ

merlyn

ponkɔ ba

llewpard

etwie

hipo

susuono

jiráff

kɔntenten

eryr

ɔkɔdeɛ

baedd

kɔkɔte

pysgodyn

apataa

crwban

sudandan

walrws

walrus

llwynog

sakraman

gafrewig

ɔtwee

chwaraeon
agokansie

pêl-droed America
Amerikafoɔ futbɔɔlo

beicio
skre twie

tennis
tennis

pêl-fasged
basketbɔɔlo

nofio
nsuom adwareɛ

bocsio
akutruku

hoci iâ
asukɔkyea so hɔki

pêl-droed
futbɔl

badminton
badmintin

athletau
mirikatuo

pêl-law
bɔɔlo a yɛde nsa bɔ

sgïo
skii

polo
polo

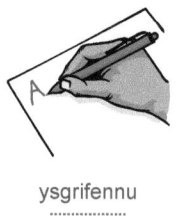

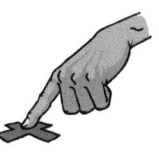

gweithgareddau
nwumadie

chwerthin
sere
neidio
huri
cofleidio
bam
cerdded
nante
canu
to dwom
breuddwydio
so daeɛ
gweddïo
bɔ mpaeɛ
cusanu
fe ano

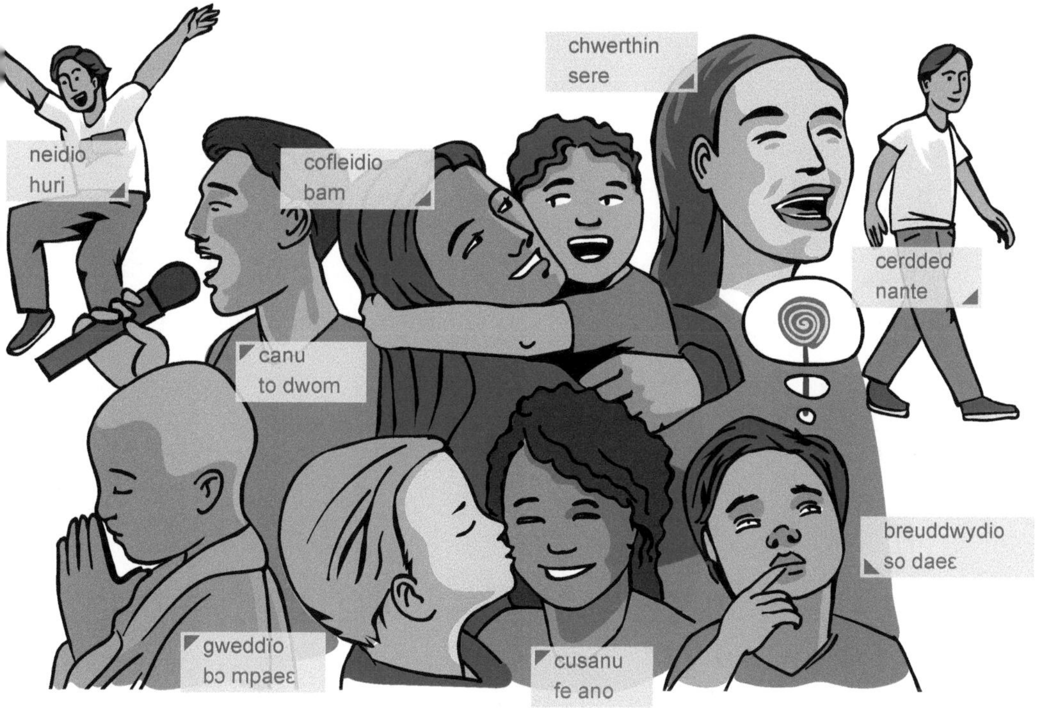

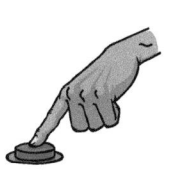

ysgrifennu

twerɛ

tynnu

dwi

dangos

kyerɛ

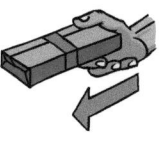

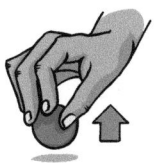

gwthio

pia

rhoi

ma

cymryd

fa

bod gan

nya

gwneud

yɛ

bod

yɛ

sefyll

gyina

rhedeg

tu mirika

tynnu

twe

taflu

to

disgyn

tɔ fam

gorwedd

da hɔ

aros

twɛn

cario

soa

eistedd

tenase

gwisgo amdanoch

hyɛ ataadeɛ

cysgu

da

deffro

nyane

edrych ar

hwɛ

crïo

su

anwesu

san ho

cribo

nunum

siarad

kasa

deall

te aseɛ

gofyn

bisa

gwrando

tie

yfed

nom

bwyta

didi

tacluso

yɛ nsiesie

caru

ɔdɔ

coginio

noa

gyrru

twi

hedfan

tu

hwylio

fa nsuo so

cyfrifo

sese

darllen

kenkan

dysgu

sua

gweithio

adwuma

priodi

ware

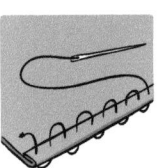

gwnïo

pam

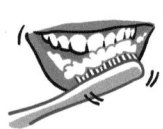

brwsio dannedd

twitwiri wo se

lladd

kum

ysmygu

nom gyot

anfon

mane

teulu

abusua

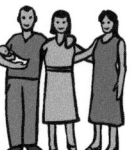

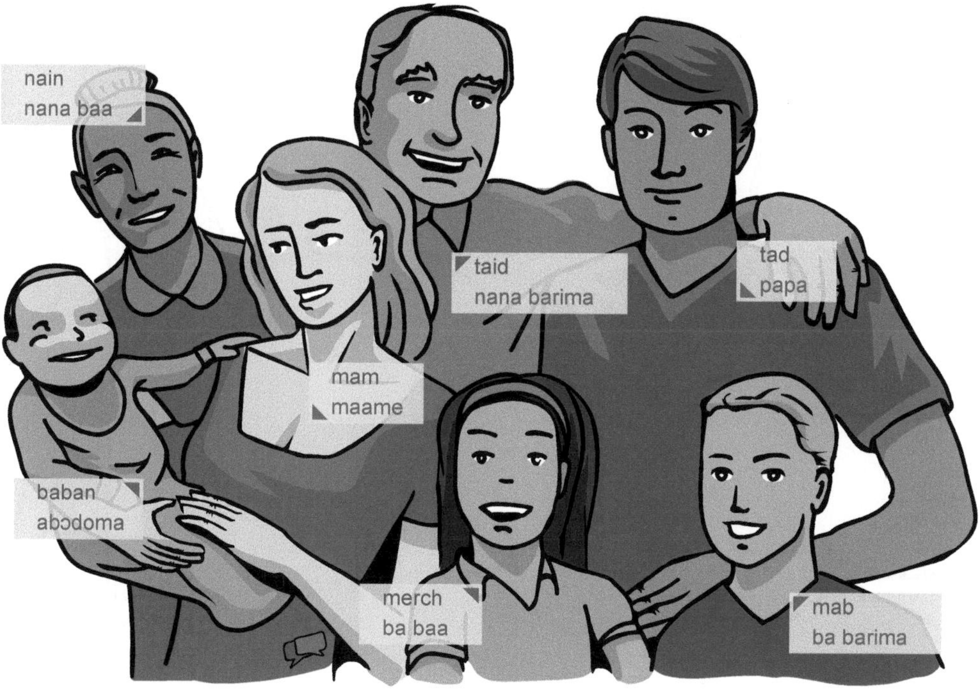

nain
nana baa
taid
nana barima
tad
papa
mam
maame
baban
abɔdoma
merch
ba baa
mab
ba barima

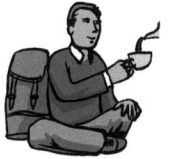

gwestai
ɔhɔhoɔ

modryb
sewaa

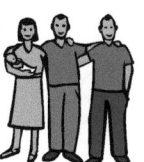

ewythr
wɔfa

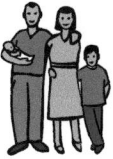

brawd
nua barima

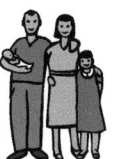

chwaer
nua baa

corff
nipadua

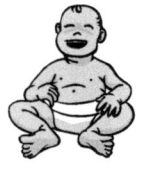

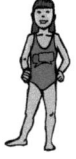

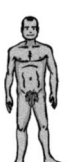

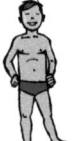

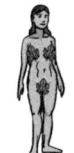

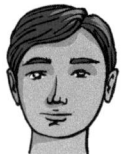

talcen
moma
llygad
ani
ysgwydd
abɛtire
bys
nsatea
wyneb
anim
gên
apantan
llaw
nsa
coes
ɛnan
bron
nufoɔ
braich
nsa

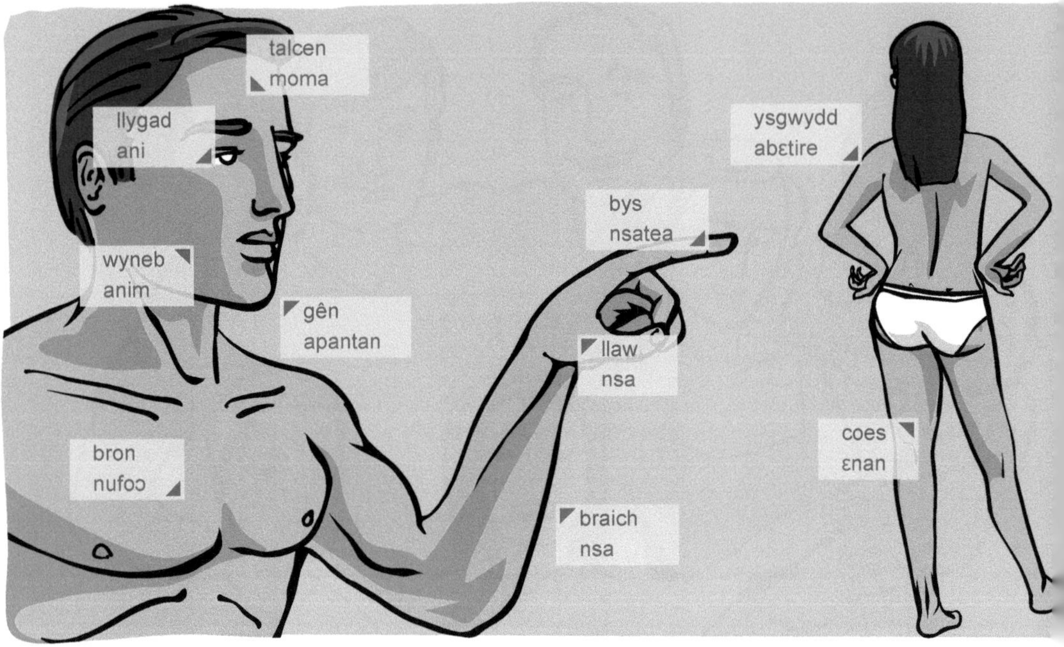

baban
abɔdoma

dyn
barima

gwraig
ɔbaa

geneth
abayewa

bachgen
abarimawa

pen
etire

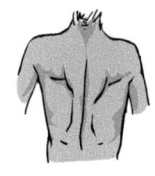

cefn

akyi

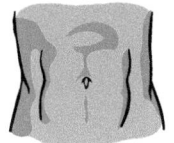

bel

afro

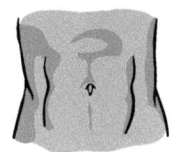

bogail

fruma

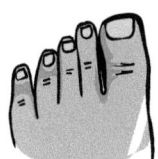

bys troed

nansoa

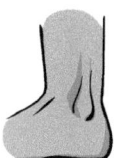

sawdl

nantini

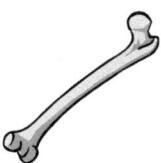

asgwrn

dompe

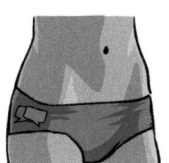

clun

ataasɔɔ

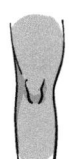

pen-glin

kotodwe

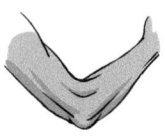

penelin

abatwɛ

trwyn

ɛhwene

pen ôl

ɛtoɔ

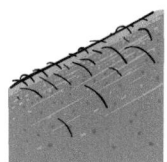

croen

wedeɛ

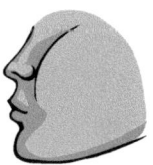

boch

afono

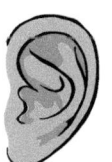

clust

aso

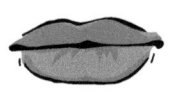

gwefus

ano

ceg

anom

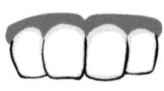

dant

εsee

tafod

tɛkyerɛma

ymennydd

adwene

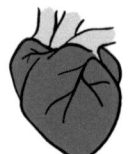

calon

akoma

cyhyr

ntini

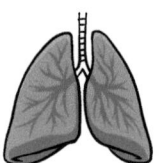

ysgyfaint

aharawa

iau

brɛbɔɔ

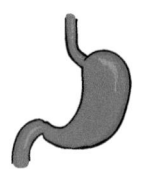

stumog

yafunu

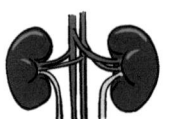

arennau

asaa

rhyw

nna

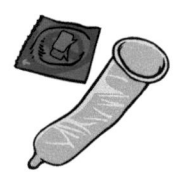

condom

kɔndɔm

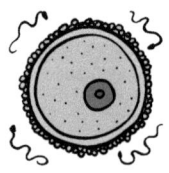

ofwm

ɔbaa nkosua

semen

barima ho nsuo

beichiogrwydd

nyinsɛn

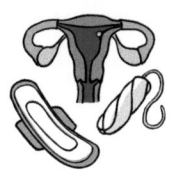

mislif
....
nsabuo

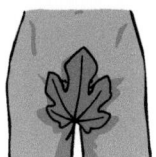

fagina
....
ɛtwɛ

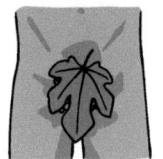

pidyn
....
kɔteɛ

ael
....
anintɔn

gwallt
....
enwin

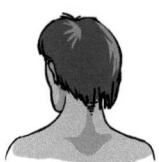

gwddf
....
ɛkɔn

ysbyty
ayaresabea

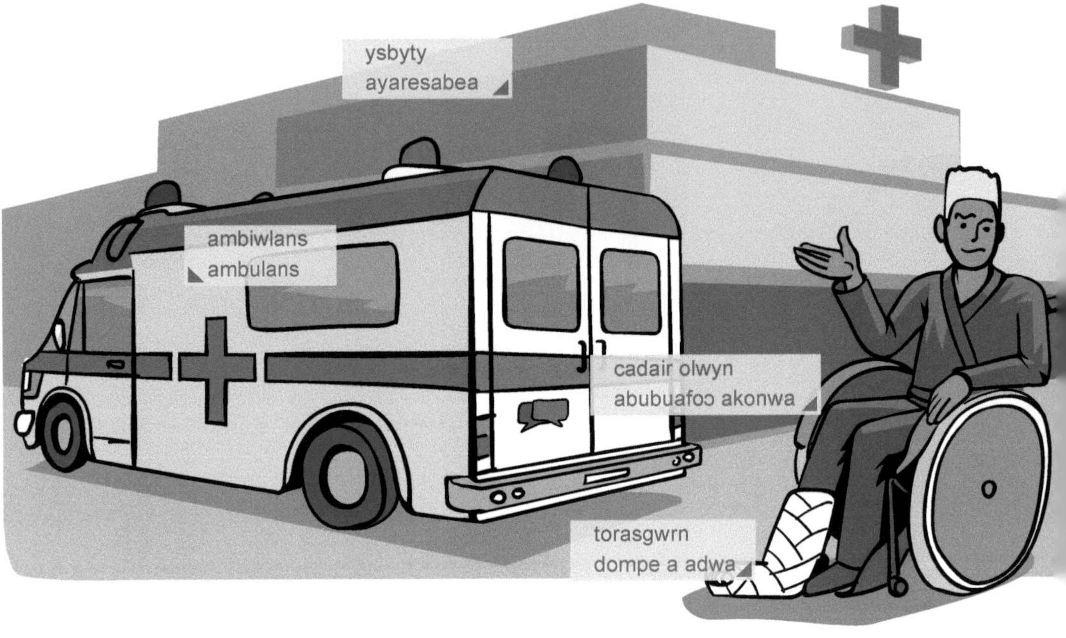

ysbyty
ayaresabea

ambiwlans
ambulans

cadair olwyn
abubuafɔɔ akonwa

torasgwrn
dompe a adwa

meddyg	ystafell argyfwng	nyrs
dɔkota	ɛdan a wɔde putupru nsɛm kɔmu	nɛɛse

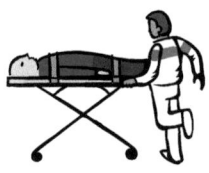

argyfwng	anymwybodol	poen
putupru	wɔ atwa ahwe	yea

anaf

epira

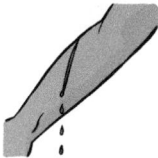

gwaedu

mogyatuo

trawiad ar y galon

akoma yarenini

strôc

stroke yareɛ

alergedd

allegyi

peswch

ɛwa

twymyn

ahoɔhyeɛ

ffliw

papu

dolur rhydd

ayamtuo

cur pen

tipaeɛ

canser

kokoram

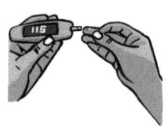

diabetes

asikyire yareɛ

llawfeddyg

ɔkota a ɛyɛ oprehyɛn

fflaim

skapɛl sekan

gweithrediad

aprehyɛn

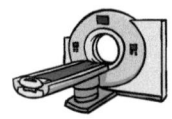

CT

CT

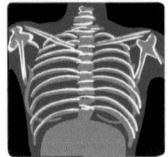

pelydr-x

x-ray

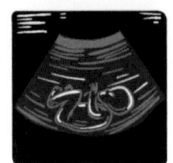

uwchsain

ultrasound

mwgwd wyneb

nkatanim

clefyd

yareɛ

ystafell aros

ɛdan a wɔ twɛn mu

bagl

krɔhyes

plastr

plasta

rhwymyn

banege

pigiad

paneɛ

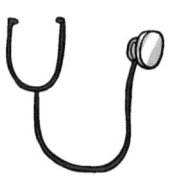

stethosgop

Stetoskop

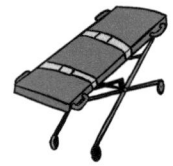

elorwely

ahomankaa

thermomedr clinigol

afidie a esusu ahoɔhyeɛ

genedigaeth

awoɔ

dros bwysau

kɛseɛ mmorosoɔ

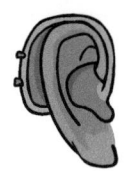

cymorth clyw

afidie a ɛboa asɛmtie

diheintydd

aduro a ekum mmoawa

haint

yareɛ a mmoawa deba

firws

vaarɔs

HIV / AIDS

HIV / AIDS

meddygaeth

aduro

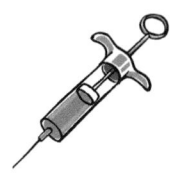

brechiad

aduro a esi yareɛ ano

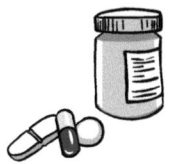

tabledi

aduro tablɛte

y bilsen

topaeɛ

galwad frys

ɔfrɛ wɔ putupru so

monitor pwysau gwaed

afidie a esusu mogya
mmrosoɔ

yn sâl / yn iach

yareɛ / apomuden

Help!

Boa me!

larwm

kɔkɔbɔ

ymosodiad

ɛborɔ

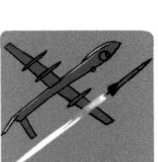

ymosodiad

ato ahyɛ obi so

perygl

ɛyɛ hu

allanfa argyfwng

baabi a yɛfa de pue putupru
so

Tân!

Ogya!

diffoddwr tân

afidie a yɛde dumgya

damwain

nkwanhyia

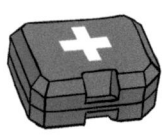

pecyn cymorth cyntaf

nnɛɛma yɛde sɔ yareɛ ano

SOS

SOS

heddlu

polisi

Ewrop

Yuropo

Gogledd America

Amerika atifi

De America

Amerika ananfɔ

Affrica

Abiberm

Asia

Asia

Awstralia

Australia

Iwerydd

Atlantik

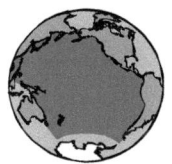

y Môr Tawel

Pasifek

Cefnfor yr India

India po kɛseɛ

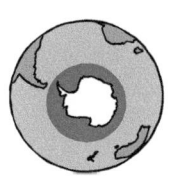

Cefnfor yr Antarctig

Antaatek po keseɛ

Cefnfor yr Arctig

Aatek po kɛseɛ

Pegwn y Gogledd

Ewiase atifi

Pegwn y De

Ewiase anaafoɔ

Antarctica

Antaatek

y Ddaear

Ewiase

tir

asaase

môr

ɛpo

ynys

supɔ

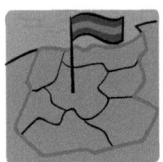

cenedl

ɔman

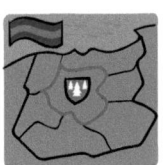

gwladwriaeth

ɔman

wyneb cloc

klɔko no anim

bys awr

dɔnhwere nsa no

bys munud

sima nsa

bys eiliad

anitɛtɛ nsa no

Faint o'r gloch yw hi?

Abɔ sɛn?

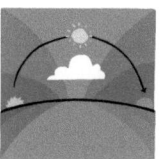

dydd

da

amser

berɛ

yn awr

seeseiara

cloc digidol

wkye a nɔma wɔ so

munud

sima

awr

dɔnhwere

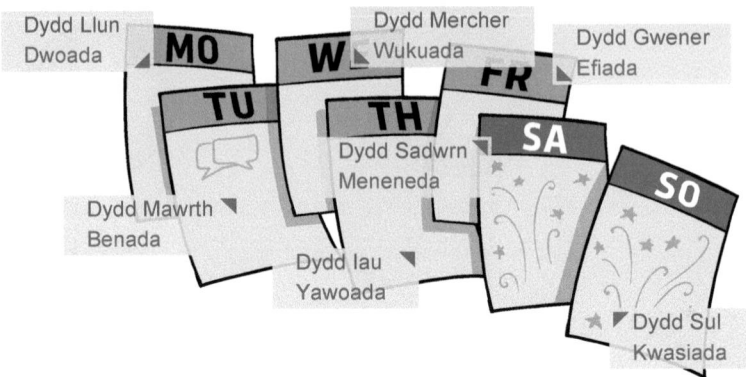

Dydd Llun
Dwoada

Dydd Mercher
Wukuada

Dydd Gwener
Efiada

Dydd Sadwrn
Meneneda

Dydd Mawrth
Benada

Dydd Iau
Yawoada

Dydd Sul
Kwasiada

ddoe

ɛnora

heddiw

ɛnora

yfory

ɔkyina

bore

anɔpa

canol dydd

prɛmtobrɛ

noswaith

anwumerɛ

diwrnodiau busnes

adwuma nna

penwythnos

nnawɔtwe awieɛ

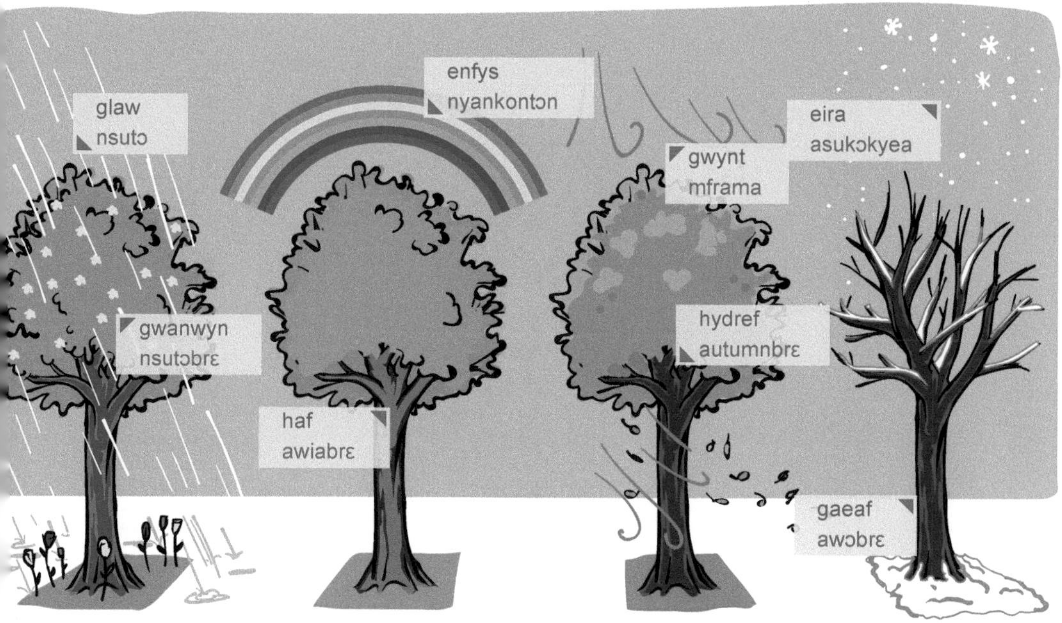

glaw
nsutɔ

enfys
nyankontɔn

eira
asukɔkyea

gwynt
mframa

gwanwyn
nsutɔbrɛ

hydref
autumnbrɛ

haf
awiabrɛ

gaeaf
awɔbrɛ

rhagolygon y tywydd

ewiem nsakrɛeɛ

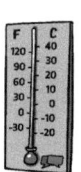

thermomedr

afidie a esusu ade ho hyeɛ

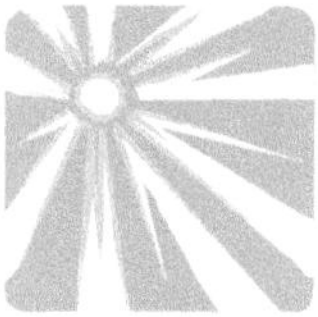

heulwen

awiabɔ

cwmwl

munukum

niwl tew

cɛbɔ

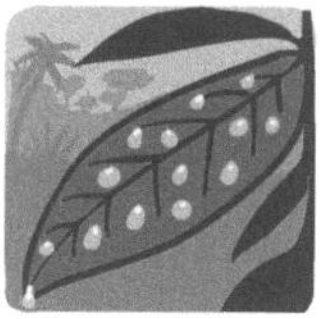

lleithder

ewiem nsuo

mellt

ayerɛmo

taranau

apranaa

storm

ehum

cenllysg

asukɔkyea

monsŵn

monsoonbrɛ

llif

nsuyiri

iâ

aise

Ionawr

ɔpɛpɔn

Chwefror

ɔgyefoɔ

Mawrth

ɔbɛnem

Ebrill

Oforisuo

Mai

Kotonimaa

Mehefin

Ayɛwohomumu

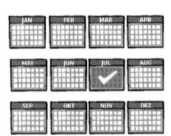

Gorffennaf

Kitawonsa

Awst

ɔsanaa

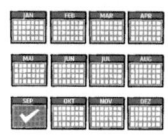

Medi

εbɔ

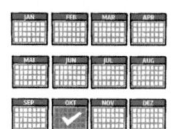

Hydref

Ahinime

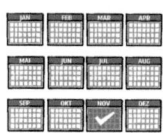

Tachwedd

Obubuo

Rhagfyr

ɔpɛnimaa

siapiau
abosuo

cylch

kanko

sgwâr

sokwɛɛ

petryal

rɛktangel

triongl

triangel

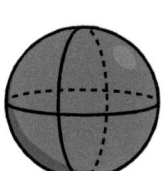

sffêr

krukruwa

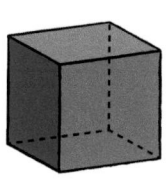

ciwb

adaka

gwyn

fitaa

melyn

akokɔ sradeɛ

oren

ankaa

pinc

pink

coch

kɔkɔɔ

porffor

pɛpol

glas

bruu

gwyrdd

ahaban mono

brown

braun

llwyd

nson

du

tuntum

llawer / ychydig

pii / ketewa

dig / tawel

wo boafu / wɔ adwo

hardd / hyll

ɛyɛ fɛ / ɛyɛ tan

dechrau / diwedd

ahyɛseɛ / awieɛ

mawr / bach

kɛseɛ / esua

llachar / tywyll

ɛha / esum

brawd / chwaer

nuabarima / nuabaa

glân / budr

ɛho te / ayɛ fin

gyflawn / anghyflawn

awie / enwieɛ

dydd / nos

awia / anadwo

farw / yn fyw

awu / ɛte ase

eang / cul

emubae / ɛyɛ tea

bwytadwy / anfwytadwy

yɛde /yɛnni

drwg / caredig

bɔne / tema

llawn cyffro / diflasu

wɔ aniagye / wɔ ani nka

tew / tenau

ɔsɔ / teatea

cyntaf / olaf

edikan / etwatoɔ

cyfaill / gelyn

adamfoɔ / atamfo

llawn / gwag

ayɛ mma / hwee nim

caled / meddal

ɛdenden / mmerɛ mmerɛ

trwm / ysgafn

ɛyɛ duru / ɛyɛ ha

wedi newynnu / yn sychedig

ɛkɔm / nsukɔm

yn sâl / yn iach

yareɛ / apomuden

anghyfreithlon / cyfreithiol

etia mmara / ɛwɔ mmara mu

deallus / twp

nyansa / gyimi

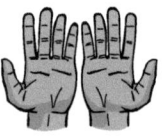

chwith / dde

benkum / nifa

agos / pell

ɛbɛn / akyire

ewydd / wedi'i ddefnyddio	dim / rhywbeth	hen / ifanc
foforɔ / dada	hwee / biribi	wɔ anyini/ ɔsua

ymlaen / i ffwrdd	ar agor / ar gau	tawel / uchel
sɔ /dum	bue / tom	dinn / dede

		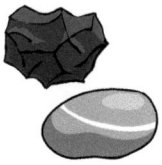
cyfoethog / tlawd	cywir / anghywir	garw / llyfn
ɔdefoɔ / ohia	nifa / benkum	werewerɛwerewerɛ / trontron

trist / hapus	byr / hir	araf / cyflym
awerɛhoɔ / anigyeɛ	tietia / tenten	nyaa / ntɛm

gwlyb / sych	cynnes / claear	rhyfel / heddwch
afɔ / awɔ	dedɛɛdeɛɛ / adwo	akoo / asomdweɛ

rhifau

nɔma

0

sero

hwee

1

un

baako

2

dau

mienu

3

tri

meɛnsa

4

pedwar

ɛnan

5

pump

enum

6

chwech

nsia

7

saith

nson

8

wyth

nwɔtwe

9

naw

nkron

10

deg

edu

11

un deg un

du-baako

12

un deg dau

du-mienu

13

un deg tri

du-meɛnsa

14

un deg pedwar

du-nan

15

un deg pump

du-num

16

un deg chwech

du-nsia

17

un deg saith

de-nson

18

un deg wyth

du-nwɔtwe

19

un deg naw

du-nkron

20

dau ddeg

aduonu

100

cant

ɔha

1.000

mil

apem

1.000.000

miliwn

ɔpepem

rhifau - nɔma

Saesneg

Brɔfo

Saesneg America

Amerikafoɔ Brɔfo

Tsieinëeg Mandarin

Chainfoɔ Mandarin

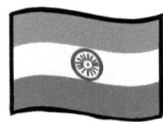

Hindi

Hindi

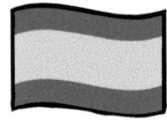

Sbaeneg

Spainfoɔ kasa

Ffrangeg

French kasa

Arabeg

Arabia kasa

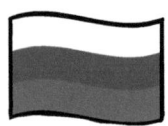

Rwseg

Russianfoɔ kasa

Portiwgaleg

Portugalfoɔ kasa

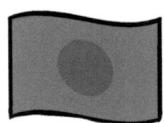

Bengali

Bengali

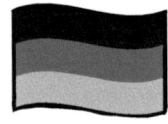

Almaeneg

Germanfoɔ kasa

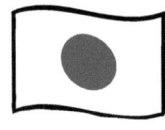

Siapanaeg

Japanfoɔ kasa

fi

Me

ti

wo

ef / hi

ono

ni

yɛn

chi

wo

nhw

ɔmmo

pwy?

hwan?

beth?

deɛ bɛn?

sut?

ɛyɛ deɛn?

ble?

ehen?

pryd?

dabɛn?

enw

edin

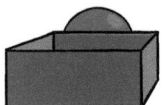

y tu ôl i

akyire

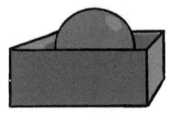

yn / yng / ym / mewn

emu

o flaen

anim

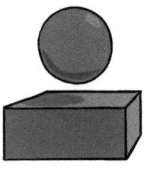

dros

ɛsoro

ar

ɛso

dan

aseɛ

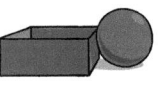

wrth ochr

nkyɛn

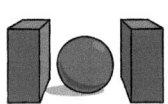

rhwng

ntɛm

lle

beaɛ